林一山

LINYISHAN

治水大事要览

ZHISHUIDASHIYAOLAN

林一山治江思想研究会 编

长江出版社

林一山同志生平

（1911. 6. 18—2007.12.30）

　　林一山同志是中国共产党的优秀党员，久经考验的忠诚的共产主义战士，因病于2007年12月30日在北京逝世，享年97岁。

　　林一山同志1911年6月18日出生在山东省文登县。1931年就读济南高中期间，积极投身抗日救亡运动。1934年参加革命工作。1935年9月进入北平师范大学历史系读书。1936年1月加入中国共产党，曾任地下党北平师范大学中心支部书记，积极组织参与"一二·九"爱国学生运动。

　　1937年"七七事变"爆发，受党组织派遣，于同年9月前往胶东地区组织领导抗日武装起义胜利后，历任胶东特委常委、宣传部长、特委书记和胶东区游击司令员，威震敌后。

　　解放战争时期，先后任青岛市委书记兼市长，后率队渡海进入东北，任辽南省委书记兼军区政委、辽宁省委副书记兼军区副政委。三大战役胜利后，任第四野战军南下工作团秘书长。

　　新中国成立后，任中南军政委员会水利部副部长、党组书记、中南军政委员会财经委员会副主任。

　　1949年12月16日，在周恩来总理主持的政务院政务会议上，决定成立长江水利委员会，任命林一山为主任。1956年为全面开展长江流域规划工作，长江水利委员会改建为长江流域规划办公室，国务院任命林一山为主任、党委书记。后曾出任长江流域规划办公室顾问、水利部顾问。

　　中国共产党第八次全国代表大会代表，第五届、第六届全国人民代表大会常务委员会委员。

　　林一山同志在半个多世纪的治水生涯中，以他的实践和业绩，奠定了他作为当代著名水利事业家的基础。在推动长江流域综合治理与开发事业中，他一贯主张要治理好长江，首先要科学制定好长江流域综合治理规划。在毛泽东主席、周恩来总理的直接关怀和支持下，他组织国家有关部门和流域内地方政府密切协作，历尽艰辛，编制了以防洪为重点，以水资源综合利用为主体，涵盖经济社会建设各个方面的长江流域综合利用规划，对推动长江水利建设和长江流域经济社会发展发挥了重要作用，得到党中央、毛泽东主席、周恩来总理的充分肯定。

从1950年开始，他就着力加强长江堤防建设。1952年积极建议和组织荆江分洪工程建设，仅用75天时间建成该工程，创造了我国水利工程建设史上的奇迹。

他坚定地认为，治理开发长江要以防洪为重点，要把建设三峡水利枢纽作为治理开发长江的关键工程。为有计划、有步骤地推动三峡工程的兴建，1958年他组织设计、参与了丹江口水利枢纽的建设，该工程不仅是汉江的重要防洪工程，也是今天南水北调中线工程的水源工程。

1972年，作为三峡水利枢纽重要组成部分的葛洲坝水利枢纽面临重大困难，当时他正患癌症（右眼黑色素瘤）住院治疗。遵照周恩来总理指示，他顾全大局，临危受命，担任国务院葛洲坝工程技术委员会负责人，负责组织修改设计，不仅把葛洲坝水利枢纽建设成为享誉世界的优质工程，并为三峡工程作了实战准备。

早在20世纪50年代，他就提出了从丹江口水库自流引水，经华北直达京津的引水线路，也就是正在建设的南水北调中线工程。他还探索寻找一条从西南向西北调水的线路，提出了西部调水方案，为此，他不顾年老体弱，右眼摘除，四上巴颜喀拉山进行实地查勘调查，出版了《中国西部南水北调工程》。

林一山一贯践行以自然辩证法指导治水的理念，通过长期水利工程的理论与实践提出优化水库调度与运用，延长水库的有效利用；水文与气象相结合做好防汛预报和水库预报调度；加强河势研究，为水利枢纽工程总体布置方案提供良好基础。1953年就提出了"水库移民工程"的新理念，1975年率先成立长江流域水资源保护专门机构，充分表现出治水理念的前瞻性。

林一山十分重视水利工程实践的总结，早在1952年荆江分洪工程胜利建成之后，就以学习《实践论》、《矛盾论》为题，总结荆江分洪工程经验。先后出版了《河流辩证法与葛洲坝工程》、《林一山治水文选》、《葛洲坝工程的决策》、《高峡出平湖——长江三峡工程》、《中国西部南水北调工程》、《林一山回忆录》、《河流辩证法与冲积平原河流治理》和《林一山纵论治水兴国》等专著。

不尽长江滚滚来

——纪念林一山主任诞辰 100 周年
（代序）

在长江水利委员会第一任主任林一山同志诞辰一百周年之际，我们缅怀他为新中国长江水利事业作出的巨大贡献，学习他博大精深的治江思想和崇高的精神风范，弘扬他的优秀品质和优良传统。这对于做好新时期治江工作具有重要意义。

林主任是我国著名的革命活动家和水利事业家，是长江水利委员会的创始人和新中国长江水利事业的奠基人。他曾积极投身抗日救亡运动，先后参加过抗日战争和解放战争，为中国的革命事业戎马倥偬、出生入死，立下了汗马功劳。新中国成立后，他不计个人名利，毅然来到长江从事水利工作。他着手接收国民党的水利机构，组建长江水利委员会，广泛地吸纳工程技术人员，逐步建立起一支专业齐全、技术过硬、能打硬仗的治江队伍。为了寻求治理开发长江的对策，他深入开展调查研究，组织编制了以防洪为重点、以水资源综合利用为主体、涵盖经济社会建设各个方面的《长江流域综合利用规划要点报告》，直接领导兴建了荆江分洪、丹江口、葛洲坝、陆水等一大批重大水利工程，并主持研究三峡和南水北调工程，为工程的上马做了大量前期工作，作出了重大贡献。作为新中国长江水利事业的开创者，林主任领导了长江水利的各项重大工作，全身心地投入到长江水利建设中，他因此赢得了崇高的荣誉，也得到毛泽东主席、周恩来总理的充分肯定和信任，并被主席亲切地称为"长江王"。

林主任一生不仅留下了一座座屹立在大江上下的水利丰碑，而且给我们留下了许多宝贵的精神财富。他对党和人民无比热爱、对事业无比忠诚，始终将个人的追求与祖国和人民的利益联系在一起，无私无畏，坚韧不拔，生命不息，奋斗不止。他胸怀全局、高瞻远瞩，善于从千头万绪中抓住治江的关键问题和首要任务，从战略的高度提出了以防洪为主的治江三阶段方略,对半个多世纪来的长江治理开发起到了至关重要的作用。他坚持真理、崇尚科学,注重调查研究,强调科技工作者和设计人员都要坚持实践第一的方法论,形成了长江委重视实践、重视第一手资料的优良传统。他勤于思考、勇于创新,深入研究河流运动规律,坚持以唯物辩证法思想指导治江实践,形成了一套治江理论体系——河流辩证法思想。他尊重人才、知人善任、身体力行、作风民主、不拘一格选拔人才,为治江事业造就了一大批高层次的专业技术人才。他淡泊名利、作风朴实,始终保持革命乐观主义精神和奋发向上的良好心态,终生践行"要做大事,不要想做大官"的诺言,体现出伟大的人格魅力。这些都永远值得我们认真学习、深入研究、努力实践并不断发扬光大。

三年前,在林主任逝世百日之际,我曾写了一篇文章《长江的嘱托》,重温林主任治江思想的精粹和令人仰止的品德,并以寄托哀思,表达心愿。三年多来,在水利部的正确领导下,在全面建设小康社会和社会主义和谐社会的征程中,我们始终牢记林主任的嘱托,以林主任的治江思想指导治江实践,并努力在治江实践中不断将之发扬光大,各项治江工作取得了可喜的成绩。我们有效应对了汶川和玉树特大地震、舟曲特大山洪泥石流、南方雨雪冰冻、西南五省特大干旱、三峡建库以来最大入库洪水以及超强台风等多种灾害袭击,最大程度减轻了灾害损失,为国民经济稳定发展和人民群众安居乐业提供了有力保障;我们根据经济社会发展要求,立足流域实际,顺利修编完成长江流域综合规划,开展了一系列重要规划及前期工作,建立了较为完善的流域水利规划体系,为新时期长江治理开发与保护绘制了崭新蓝图;我们积极参与流域重大水利工程建设,三峡工程已成功蓄水至175米水位,开始全面发挥综合效益,南水北调中线等一系列工程也取得新的进展;我们精心组织开展了第三次长江源综合考察,摸清了长江源头的水资源水生态水环境状况,掀开了长江生态文明建设新篇章;我们不断加强水行政管理,深入推进依法治江,开创了流域管理的新局面……长江委这支队伍,也经历了新的严峻考验。

当前,治江事业正步入新的发展阶段,我们已告别辉煌的"十一五",迎来崭新的"十二五"。在"十二五"开局之年,中央一号文件立足水利、着眼全局,提出了当前和今后一个时期水利改革发展的指导思想、目标任务、基本原则、工作重点和政策举措,并明确指出水是生命之源、生产之要、生态之基,历史性地将水利事业提升到关系经济安全、生态安全、国家安全的战略高度。中央将加大公共财政对水利的投入,力争今后10年全社会水利投入4万亿。长江作为沟通我国东中西部的大动脉,在当代中国经济社会发展中具有重要的战略地位,对于我国西部大开发、中部崛起和东部地区率先发展三大战略的实施发挥着巨大作用,正日益成为统筹区域发展的重要纽带和支撑区域发展的重要基础。在这一重大战略背景下,长江水利投资力度和规模必将再创历史新高,新一轮大规模的水利建设将在大江上下全面展开,长江水利正迎来跨越式发展的历史时期。我们面临着新的机遇和挑战。

任重道远,我们将按照科学发展观和可持续发展治水思路的要求,努力践行以"维护健康长江,促进人水和谐"为基本宗旨的新时期治江思路,坚持以保护与发展为主题,以实施长江水利发展战略为主线,以加快水利薄弱环节建设为主攻方向,以强化流域综合管理为重要支撑,以保障和改善民生为落脚点,以改革创新和科技进步为动力,切实加快长江防洪减灾、水资源综合利用、水资源与水生态环境保护、流域综合管理四大体系建设,努力实现保障防洪安全、合理开发利用、维系优良生态、稳定河势河床四大战略目标,为流域经济社会的可持续发展提供有力的保障,作出更大的贡献。这也是我们缅怀、学习、实践和弘扬林主任治江思想、优良传统和精神风范的最好行动。

长江水利委员会主任、党组书记 蔡其华

2011 年 5 月

目　录

1949 年　三十八岁

11 月 8—18 日　水利部在北京召开各解放区水利联席会议，会议决定以流域为单位组成流域性的水利机构，并拟先设置黄河水利委员会、长江水利委员会、淮河水利工程总局，由水利部直接领导。12 月 17 日，中央人民政府政务院在北京召开第十一次政务会议，会议决定由中国人民解放军第四野战军南下工作团秘书长林一山出任长江水利委员会主任，负责筹组长江水利委员会。林一山奉命代表水利部参加由陈云、董必武分任正、副团长的"指导接收工作委员会华东区工作团"（1949 年 11 月政务院第五次政务会议决定成立），在南京接管了国民政府中央水利部长江水利工程总局。

11 月 11 日　林一山受邀参加湖北省水利局在汉口召开的汉江治本计划座谈会。会议认为目前汉江治本重点是防洪，同时计划准备其他治本工作。

1950 年　三十九岁

2月1—4日　中南区第一届水利工作会议在汉口召开。中南水利部副部长林一山在会议总结中确定："1950年中南水利工作的方针是以防洪为主，争取初步解决危害最大而且可能解决的治本工程。"原则上暂定为"利用沿江湖泊蓄洪垦殖，以大通湖蓄洪垦殖工程为示范区"。

2月5日　中原临时人民政府撤销。林一山以中南人事部调配的部分干部和原中原临时人民政府农林水利部的部分人员为骨干组建长江水利委员会（简称"长委会"），与新成立的中南军政委员会水利部合署办公，直属中央人民政府水利部。

2月24日　长委会在湖北汉口召开成立大会，同时启用水利部颁发的印章，机构全称"长江水利委员会"，标志着新组建的长委会正式运行，其中心任务是开展长江防洪工程建设。5月1日，长委会与中南水利部分署办公，不再兼理中南水利部工作。

2月　兼管中南水利部工作的林一山组织查勘汉江、荆江大堤，初步提出荆江分洪工程建议：建立荆江分洪区、中下游湖泊蓄洪垦殖区，进行汉江拦洪与平原排渍工作。

荆江地处长江三峡下游，上起湖北省枝城，下至湖南省洞庭湖口城陵矶。荆江河段全长348公里，以藕池口为界分为上、下荆江。由于荆江河床、地势的特点，汛期遇洪水宣泄不畅，导致荆江大堤溃口不断，是长江最危险河段。

林一山查勘汉江上由前美国专家选定的碾盘山坝址后认为，碾盘山因靠近汉江下游洪泛区，防洪作用小，不能作为治理汉江的主要方案，而只能作为汉江开发的一个航运梯级。

2月　林一山亲自组建长江流域水文机构,在长委会设置测验处(水文处),负责全江的水文工作。长委会先后在重庆、沙市、武汉、南京等地设立了水文总站、河床实验站、水文实验站,根据各河段的研究重点,开展水文资料的搜集和管理工作。1956年底,长江流域规划办公室(简称"长办",1956年10月前为长江水利委员会)组织编制全流域首个站网规划。至20世纪50年代中后期,全流域共设置水文站733个,水位站455个,雨量站871个,实验站27个。其中隶属长办的水文站109个,水位站201个,雨量站42个,实验站5个,掌控了长江干流和主要支流出口站的水文要素变化情况。

3月7日　林一山受中央人民政府政务院正式任命为长江水利委员会主任。

3月22日　林一山主持制定《长江水利委员会组织条例》(以下简称《条例》)。该《条例》规定了长委会的工作性质、任务、职责、委员会成员组成等。指出:长江水利委员会在中央水利部的领导下,管理长江干流与各支流、湖泊的水利建设事业,下设上、中、下游工程局及直属各工程处,在各所在地大行政区的指导下,直接进行水利建设工作;干部由所在大行政区组织部配备。中心任务是以防洪为重点,进行堤防、沿江排灌涵闸建设,开辟分蓄洪区,同时研究长江的治理计划。

3月　林一山提出组建河道观测队。自此,长委会建立了第一个回声测深队,进行荆江、武汉河段水下地形测量。以后陆续成立10多个河道观测队,全面施测长江干流及湖泊的水道地形,开展河道演变观测。

20世纪50年代中期,林一山同意在水文内业专设河流组(后扩建并入长江科学院成为河流研究所)。20世纪50年代后期,在林一山的直接关怀下,水文外业设立了荆江、汉口(汉江)、南京河床实验站,开展河道观测实验研究,从而在国内开创了水文与河道相结合的先河。

河道观测以沿流程观测、巡回观测和水文站定点观测相结合,收集河床演变的水力、泥沙、地形资料。20世纪60年代后期至80年代末,其观测内容由河道基本资料收集发展到研究水流结构、泥沙运动规律及河床演变的原型观测、分析预测和实验研究。20世纪90年代以来,已发展有河道基本观测、水道泥沙专业观测与研究、河口及海洋测绘、常规测绘、其他专业测量。至今,长江委在重庆、宜昌、荆州、武汉、丹江口、南京、上海等地分别设立8个河道观测队,基本观测范围为长江上、中、下游及长江口,丹江口水库及汉江中下游,荆江三口洪道、洞庭湖、鄱阳湖,为长江综合开发和治理收集和积累水文泥沙河床演变的基本资料和提供观测资料、测报成果与专题分析成果。

1950年春 林一山创见性地提出了"水文与气象相结合"理念。1955年,水文处即成立了气象地理组,着手搜集历史天气图和各个大水年的暴雨和气象资料,并开始进行一些长江流域天气气候方面的专题分析研究。1959年,水文处组建天气组,正式开展与水情分析有关的气象预报业务,这是我国水利部门自行开展天气预报,进行水文与气象预报相结合的开端,并由此把短、中、长期预报结合起来。

林一山的"水文与气象相结合"已成为长江防洪工作的重要指导思想,长委会水文(处)局通过几十年研究发展,成功预报了1981年、1996年、1998年、1999年、2005年等大水,并逐渐形成了"短、中、长期预报相结合,水文与气象相结合"的技术特色,其研究的深度与广度、技术方法与理论水平已跻身世界先进行列。

4月1日 长委会在南京设立长江下游工程局。6月16日,长委会在武汉设立长江中游工程局。10月22日,长委会在重庆设立长江上游工程局。1955年1月13日,长委会机构改组,3个工程局同时撤销。

7月8日 林一山向水利部汇报:中南财经委员会筹组汉江治本委员会于月内成立,并成立技术委员会,由长委会主要负责。

7月22日 由中南财经委员会、湖北省人民政府、长委会组成的汉江治本委员会成立,其职责:开发汉江水利、消除水患。领导成员:主任李先念(湖北省政府主席),副主任林一山等。以长委会为主吸收有关部门参加组成汉江水利工程技术委员会。

7月31日 水利部批准汉江治本委员会成立。

7月 长委会提出《长江建设五年计划（草案）》（以下简称《计划》）。该《计划》指出：长江治理方针应以防洪排涝、保护农田、恢复与发展农业生产为主，进行多目标水利建设工程。要求在5年内基本解决长江中、下游干支流一般洪水问题与排除严重水涝问题，打下进一步筹建较多的航道、发电、灌溉、防洪等大规模治本工程的基础。目前重点完成荆江分洪、长江湖泊蓄洪、汉江拦洪与平原排渍工作。

8月 长委会提出《荆江分洪初步意见》（以下简称《意见》）列入长委会的五年计划大纲和1951年计划概要，并呈报水利部审核。该《意见》提出：在长江上游尚未兴建大型水库和举办水土保持工程，洪水、泥沙皆无从控制的条件下，在枝江以下分洪旁泄，是可以实行的较为妥善的方案。评审荆江南北两岸形势，北岸荆江大堤和监利干堤的保护区为广阔而低洼的平原，一旦分洪，洪道水位高出地面，在控制运用上困难很大，不可轻易尝试；南岸"四口"（松滋口、太平口、藕池口、调弦口）通湖洪道如网脉络，堤防各自独立，各垸面积亦较北岸小。因此，在荆江实施有计划的分洪工程，以由南岸分泄为宜。《意见》划定长江右堤以西、虎渡河以东、安乡河以北范围为分洪区，并确定在整理洞庭湖计划未实施前，以不增加"四口"通湖洪道和洞庭湖区的洪水负担为原则。

10月1日 党和国家领导人毛泽东、刘少奇、周恩来在北京听取邓子恢、薄一波关于荆江分洪工程的汇报。毛泽东在亲阅了工程设计书后，同意兴建荆江分洪工程的方案。

荆江分洪工程位于湖北省荆江河段右岸、虎渡河以东的公安县境内，总面积921.34平方公里，有效蓄洪容积54亿立方米。

11月15日 政务院任命林一山为治淮委员会委员。

11月23日 林一山参加了在北京召开的全国水利会议。会议提出1951年水利方针和任务，根据需要与技术准备情况，选择重点河流治本工程。长江流域侧重整理并运用沿江湖泊以控制洪水,防洪工程应以荆江防洪工程为重点;汉江着重整理下游河道,并研究上游修建拦洪水库;长江干流中、下游及重要支流主要加固堤防及护岸等。

12月25日　中南军政委员会在武汉召开荆江安全及汉江治本会议。会议讨论并通过了长委会提出的《荆江分洪工程计划》,拟利用太平口以南、虎渡河以东、荆江南岸大堤以西、藕池口以北地区兴建荆江分洪区,作为治标办法之一;对汉江问题,所拟碾盘山水库工程计划,是治理汉江的必要方案,应于1952年争取早日实施。会议指出了荆江以治标为主兼作治本的准备工作。

12月　长委会进行荆江临时分洪工程查勘,并提出《查勘荆江临时分洪工程报告》。此次查勘收集了大量的资料。

12月　林一山撰写《长江水利委员会1950年工作简报》(以下简称《简报》)。该《简报》主要分三个部分:长江汛期特点介绍;修防工作概况;一年来工程准备工作几点体会。

1951年 四十岁

1月12日　周恩来总理主持召开政务院政务会议。会议讨论并批准了水利部部长傅作义关于长江近几年的治理应以荆江分洪工程为重点的报告。

2月　长委会提出《荆江临时分洪计划》(以下简称《计划》)。该《计划》是荆江地区防洪规划的开端,它初步拟订了荆江分洪工程的设计标准、工程规模、工程运用。确定分洪标准按防御荆江1931年洪水,控制沙市水位44.49米。

3月5—8日　林一山在武汉主持召开荆江临时分洪工程座谈会。出席会议的有湖南、湖北、武汉大学、长委会中游工程局、荆江工程处等省市单位的代表。会议就荆江临时分洪工程的方针、目标、分洪标准,以及进洪口、泄洪口、分洪区的施工及运用等问题进行交流并达成一致。

4月　长委会决定适当培修虎渡河东堤和分洪区南部堤防,使其与荆江南岸大堤连成一个整体。

1951年初　林一山提出"提高与扩大并重"的人事工作方针。长委会通过公开招聘招考、招生招工,陆续从南京、上海、重庆、广州、长沙、武汉等地招收了一批水利、医务、财会等专业人员和技术工人、社会青年。经过干部轮训、选送青年进校深造等办法,增加人员数量,提高人员质量。至1951年底,长委会的队伍由成立初的2600人(内外业职工)增加到近4700人。

8月　长委会提出《荆江分洪工程计划》(以下简称《计划》)。该《计划》将进洪口、泄洪口改为建闸方案,指出:利用荆江分洪区在与荆江洲滩民垸配合运用和发挥荆江大堤的防洪作用下,以1931年洪峰流量为标准,拟定沙市水位 44.00 米为分洪水位,最大分洪流量 13450 立方米每秒,最大泄洪流量 8124 立方米每秒,分洪区南部最高蓄洪水位为 40.95 米,蓄洪总量 55.75 亿立方米。拟定的工程范围包括:①进洪闸工程(包括节制闸和备用闸);②泄洪闸工程;③堤防培修和护坡工程;④涵闸及沟渠工程;⑤其他工程。

9 月 中央水利部审核长委会提出的《荆江分洪工程计划》,同意兴建荆江分洪工程。

9 月 长委会开始在丹江口坝址进行地质勘探工作。

丹江口水利枢纽位于汉江与其支流丹江汇合口下游 800 米处,它作为汉江中下游防洪和治理开发汉江的主要工程,在本年初,长委会即开始进行汉江中游及丹江的查勘,并选定丹江口水利枢纽的坝址区。1952 年 10 月,水利部查勘丹江口,并确定丹江口坝址的选择。

10 月 林一山指示长委会所属科学实验部门(水工、土工及材料试验)统一成立水工实验室,下设水工、土工、材料等专业组拟开展科研工作。实验室的筹备阶段,长委会与武汉大学合作进行的汉江碾盘山水库和荆江分洪工程整体河工模型试验,是新中国成立后长江首次进行的河工模型试验。到 1952 年,先后完成分洪区水工整体模型,南、北闸和排水闸的断面模型试验;完成大量闸基土样、排灌工程土样和淤区泥沙土样分析;混凝土配合比试验和混凝土施工质量控制工作,试验成果满足了荆江分洪工程设计、施工的需要。1954 年 3 月,长委会新建的实验室投入工作。以后,随着科研工作的发展,实验室先后发展为实验研究所(1955 年 1 月),长江水利科学研究院(1956 年 6 月),长江水利水电科学研究院(1959 年 11 月),长江科学院(1986 年 10 月)。

12 月 26 日 林一山在《治江计划简要报告》中提出:为了拟订又一套比较完善的计划,蓄纳长江三四百亿立方米的洪水,以降低湖泊水位,我们虽尽了很大努力,摸索很长的时间,但没有找到我们曾提出过的这些重点工程之间的相互关系。直到 1951 年春,我们才发现可以以荆江分洪建闸工程为中心一环,结合洞庭湖整理,荆江河床治导及中下游沿江全部湖泊控制计划，为一个统一的系统的整体计划。这样就使我们有了比较具体的五年计划与十年远景，并将这一计划作为以防洪排水为第一阶段的治江计划；而将以发电、航运、灌溉为主的任务为第二阶段的治江计划；至于世界第一富源三峡大坝的准备工作，则应是第三阶段的治江计划。

12月　林一山发表《两年来治江工作的发展》一文。文章指出：目前长江防洪的最高目的是"保证在1949年同等水位的情况下不发生溃决，争取1931年水位不发生溃决"。在无法解决长江大洪水灾情问题前，须按中央重点防护、险工加强、临时紧急措施等原则去尽力减少灾情。详细而周密、准确地制定一套防洪为主的完整治江计划是我们的主要任务。文章还分析了长江防洪的重要堤段在荆江河段，提出了以荆江分洪工程为中心结合其他防洪工程的治江第一阶段计划，即建闸分洪工程、蓄洪垦殖工程、河床导治工程。在研究了前人治理荆江的方法后，提出"荆北放淤"这一治本措施。荆北放淤是引用荆江的水沙，淤填荆江大堤堤内的深塘洼地，使地面淤高，以稳固堤脚和堤身，从根本上改变荆江北岸地势低下的劣势。

1952 年　四十一岁

1 月　长委会提出《荆江分洪工程技术设计草案（1952 年度）》（以下简称《草案》）。该《草案》等同 1951 年 8 月提出的《荆江分洪工程计划》（初步设计），其主要变化是：①最大分洪量为 12800 立方米每秒，沙市测站荆江流量不超过 41000 立方米每秒。②最大泄洪量为 6360 立方米每秒。③分洪区内南部最高蓄洪水位为 39.75 米，蓄洪 41.25 亿立方米。工程范围包括：进洪闸工程，闸址由腊林洲改成太平口；泄洪闸工程，闸址在无量庵；堤防培修工程；分洪区内排水工程；其他工程。

2 月 17—19 日　水利部在北京召开荆江分洪工程会议。湖北、湖南两省有关人员及中南水利部潘正道、长委会林一山等参加了会议。会上，两省就荆江分洪工程方案达成一致意见，但湖南省对长江发生特大洪水分洪直接威胁湖南安全未达成一致。

2 月 20 日　针对湖南、湖北两省的不同意见，周恩来总理亲自召集水利部、长委会、两湖负责人员到京开会，协调两省对工程的不同意见。会上，周恩来总理提出了具体处理办法，并主持起草了《政务院关于荆江分洪工程的规定（草案）》进行讨论，达成一致意见。

2 月 23 日　周恩来总理向毛泽东主席和中央写了关于荆江分洪工程会议情况的报告。他指出：如遇洪水，进行无准备的分洪，必致危及洞庭湖沿湖居民；如肯定不分洪则在荆江大堤濒于溃决的威胁下，仍存在着不得已而分洪的可能和危险，这就是两省利害所在的焦点。

2 月 25 日　毛泽东主席审阅了周恩来总理的报告，同意周恩来总理的意见及政务院规定。

3月4日　中南军政委员会召集湖南、湖北两省和中南水利部、农林部、交通部等有关部门和单位负责人，审议长委会报送的《荆江分洪工程计划》的实施方案。

3月15日　中南军政委员会发布《关于荆江分洪工程的决定》(以下简称《决定》)。

《决定》称，荆江大堤安危，不仅关系湖北、湖南两省，而且是长江交通要道，关系全国经济体系。荆江大堤是长江全线最薄弱最危险地带，堤身高出地面十多米，每当汛期，洪峰逼临，时有溃决之虞。如一旦溃决，将使江汉平原变成大海。不仅江汉三百万人民七百万亩良田被淹没，并要影响长江通航，贻祸不堪设想，且在短时间内又难以善其后。为适当减除荆江大堤的危险，确保长江航运通畅，并保障两湖人民生命财产的安全起见，除荆江大堤本身加固外，荆江分洪工程是目前十分必要的迫切措施。长江水利委员会在1951年提出的计划，业经政务院作出决定。长委会3月4日召集湖南、湖北两省负责同志及本会水利、农林、交通各有关负责人商讨，一致同意荆江分洪的计划，认为该计划的方针是照顾了全局，兼顾了两省，对两湖人民都是有利的。

决定成立荆江分洪委员会，以李先念为主任委员，唐天际、刘斐为副主任委员，郑绍文为秘书长。黄克诚、程潜、赵毅敏、赵尔陆、潘正道、齐仲桓、张广才、李毅之、林一山、许子威、王树声、袁振、徐觉非、郑绍文、刘惠农、田维扬、李一清、刘子厚、张执一、任士舜等为委员，以统一事权，集中力量。

成立荆江分洪总指挥部，以唐天际为总指挥，王树声、林一山、许子威为副总指挥，李先念为总政委、袁振为副总政委。成立南线工程指挥部，以许子威为第一指挥，田维扬为第二指挥，李毅之、徐觉非、任士舜为副指挥。

成立北闸工程指挥部，以张广才为指挥，闫钧为副指挥。

后经中南军政委员会重新任命总指挥部及南闸、北闸、荆江加固指挥部负责干部名单如下：

总指挥部以唐天际为总指挥，李先念为总政委。王树声、许子威、林一山、田维扬为副总指挥。袁振、黄志勇为副总政委。蓝侨、徐启明为正副参谋长。白文华、须浩风为政治部正副主任。

南闸指挥部以田维扬、徐觉非为指挥长，李毅之为政委。

北闸指挥部以任士舜为指挥长，张广才为政委。

荆江加固指挥部以谢威为指挥长，顾大椿为政委。

3月29日 周恩来写信给毛泽东、刘少奇、朱德、陈云汇报同邓子恢、傅作义、李葆华商议荆江分洪工程的情况，转告：大家均认为荆江分洪工程如建成对湖南滨湖地区毫无危险，且可减少水害。

3月31日 中央人民政府政务院作出《关于荆江分洪工程的规定》（以下简称《规定》），指出：为保障两湖千万人民生命财产的安全起见，在长江治本工程未完成以前，加固荆江大堤，并在南岸开辟分洪区乃是当前急需的措施。《规定》还指出：以巩固荆江大堤为重点，1952年汛前应保证完成两岸分洪区围堤、进洪闸、节制闸等工程。

4月5日 荆江分洪工程全面开工。参加施工的军民共计30万人。荆江分洪主体工程包括：荆江大堤加固工程、进洪闸（北闸）工程、节制闸（南闸）工程、围堤培修工程。

5月19日 水利部部长傅作义在中南水利部部长刘斐、农业部部长陈铭枢、苏联水利专家布可夫的陪同下，视察了荆江分洪工程施工现场。

5月24日 水利部部长傅作义在沙市召开赠授党和国家领导人为荆江分洪工程亲笔题写的锦旗大会。毛泽东主席题词：为了广大人民的利益，争取荆江分洪工程的胜利。周恩来总理题词：要使江湖都对人民有利。毛泽东、周恩来的亲笔题词对荆江分洪工程全体建设者起到了巨大的鼓舞作用。

6月20日 荆江分洪主体工程全部完工。历时75天建成了新中国成立后第一座大型水利工程，比规定的100天期限提前了25天。

6月21日 林一山与唐天际、李先念、王树声等领导及参与荆江分洪工程的全体员工上书毛泽东主席，报告荆江分洪工程胜利完工。报告称：荆江分洪工程从今年（1952年）4月5日正式开工，6月20日全部工程完成，历时两个半月。建筑了 1 座 54 孔长达 1054 米的进洪闸和 1 座 32 孔长达 336 米的节制闸。同时完成了可蓄洪 50 亿~60 亿立方米的分洪区围堤工程和 133 公里的荆江大堤加固工程。

8 月下旬 为了大规模开展群众性水利建设,中南水利部副部长、长委会主任林一山率参加中南水利会议的 6 省 2 市水利人员和专家共 40 余人考察了湘西溆浦县等地。溆浦县兴修农田水利工程具有悠久的历史,尤其是塘坝工程。全县 42 万亩耕地,有水塘 1.1 万余口,塘坝 2700 余座,可灌溉 20 万亩耕地。11 月 4 日,林一山就考察情况写出《湘西小型水库考察报告》。

9 月 11 日 林一山在长委会集体办公会议上发表讲话,指出:荆江分洪工程完工后,目前重点工作应转到全流域的规划设计工作上来,应抓紧时间,集中力量,展开大规模的查勘测验工作,尽快在短期内掌握从事全流域规划的主要资料。

10 月 水利部部长傅作义、副部长李葆华、长委会主任林一山及苏联专家布可夫等近百人查勘汉江中下游河段,重点查勘了丹江口和碾盘山坝址。通过查勘,一致认为丹江口是一优良坝址,碾盘山宜作为梯级,不列为汉江的第一期工程。查勘后遂渐加快了汉江规划和丹江口工程的勘测设计工作。11 月 28 日,长委会通过了《汉江治理计划的几项决定》(以下简称《决定》)。《决定》中指出:在长江治本方案尚未确定前,汉江的碾盘山、丹江口水库系山谷拦洪方案的重点工作,对长江其他各支流的流域规划能起指导作用,具有重要意义。

11 月 14 日 荆江分洪第二期工程开工兴建。二期工程以长委会同年 9 月拟定的设计方案实施。参建者 18.48 万人,工程于 1953 年 4 月 25 日完工。至此,荆江分洪工程全面完成。荆江分洪工程是长江中游防洪工程体系的主要组成部分,是减少荆江河段洪水灾害的重要防洪设施,是长江流域第一个由国家防汛抗旱指挥部直接调度的有闸控制运用的分蓄洪工程,对确保荆江大堤和武汉市的防洪安全,减轻洞庭湖地区的洪水灾害有着重要作用。1954 年汛期,长江发生特大洪水,荆江分洪工程三次开闸分洪,分洪总量达

122.6亿立方米，降低荆江大堤沙市水位0.94米，为保住荆江大堤和武汉市安全发挥了巨大作用。

1952—1982年　1952年长委会开始开展长江流域历史洪水调查。先后与中国科学院考古研究所等9个单位多次自金沙江干流上段的奔子栏至宜宾、长江干流李庄至宜昌河段的3100多处村镇调查洪枯水，获得近1000多个年份的洪水痕迹，尤其是调查到记载长江上游1153年（宋绍兴二十三年）、1227年、1560年、1788年、1860年、1870年等特大洪水年，其中以清同治九年（公元1870年）的刻字最多。多次大洪水刻记为确定三峡1870年历史洪水重现期获得了可靠佐证。

其后长委会先后几十次对金沙江干流、长江干流河段的3100多处村镇调查洪枯水，获得近100多个洪水痕迹，调查中发现，长江上游最早的碑刻记载是1153年、1127年、1560年等16个洪水年，其中以1870年特大洪水的刻字为多。

在此期间，长委会还会同有关单位在长江主要支流岷江、沱江、嘉陵江、乌江、清江、汉江、湘江及赣江开展了大量的历史洪水调查测量工作。

与此同时，还在北京、上海、南京、四川、湖北等地图书馆、档案馆、故宫、海关及气象等部门，查阅了大量宫廷文档和地方志书。仅对宜昌以上地区，查阅抄录的地方志即达760多种，宫廷档案600多种，尤其在北京故宫搜集到《万县志采访实录》，为确定三峡1870年特大洪水总量和过程提供了极为宝贵的资料。

查得自唐宋以来长江流域大量旱灾记载和枯水题刻，如涪陵白鹤梁石鱼题刻，记载了长江自公元764年以来的72个年份枯水记录，这是中国也是世界上最早的枯水记录。这些宝贵资料，都汇编成册。

通过多次历史洪枯水调查和大量的文献资料考证，获得了自1153年以来的八次特大洪水的测量成果，为三峡、葛洲坝工程建设和长江防洪规划提供了迄今为止已发现的最大洪水的重要依据。

20世纪90年代前后，开展长江三峡工程古洪水研究，成果表明在三峡坝区，距今2500年来没有发生过比1870年更大的洪水。经水利部组织全国专家鉴定，认为该成果达到国际先进水平，进一步论证了1870年历史洪水的重现期合理可靠。

1953年 四十二岁

2月19—22日　毛泽东主席乘"长江"舰,由"洛阳"舰护航第一次视察长江中下游。从武汉至南京途中,毛主席就长江防洪及长江治理规划等问题询问了林一山。

林一山概略汇报说,我们已做的关于长江平原防洪工程的规划工作,第一阶段是加高培厚长江干支流两岸的堤防,以增强大堤抵御洪水的能力和扩大长江河道宣泄洪水的能力。第二阶段在此基础上,开展平原蓄洪垦殖工程,这种工程是有计划地把长江两岸一部分湖泊洼地用堤防围起来,需要时再修建可供洪水进入和排出的涵闸。如果不是大水年,可利用圩堤内的土地进行耕种,发展农业;如果遇到特大洪水年份,干流堤防不能抵御和宣泄洪水时,就用于分蓄长江洪水,降低洪峰,以牺牲局部利益达到保障更大范围内农田和城市安全的目的。当汇报到治理长江第三阶段是修建山谷水库时,林一山展开了"长江流域水利资源综合利用规划草图"。林一山说,我们计划兴建一系列梯级水库来拦蓄洪水,从根本上解除洪水威胁,同时开发水电、改善航道、发展灌溉,对长江水资源进行最大限度的综合利用。

毛主席仔细观察了图上的水库标志,沉思片刻,目光移向三峡地区,问道:"修这样多支流水库,都加起来,你看能不能抵上三峡这个大水库?"

林一山回答说:"从长江致灾洪水的主要来源说,这些水库都加起来还抵不上一个三峡水库的防洪效益。"

毛主席指着三峡出口说:"那为什么不在这个总口子上卡起来,毕其功于一役?就先修这个三峡水库怎么样?"毛泽东主席首次提出了修建三峡工程的设想。

在这次航行中,毛泽东主席还问道:"南方水多,北方水少,能不能把南方的水借给北方一些?"并沿着汉江对南水北调的引水路线提出询问,林一山一一作答,最后认为,从丹江口一带引水,可能是最好的引水线路。

毛主席听后高兴地说:"你回去以后,立即派人查勘,一有资料就立刻给我写信。"

航行中,毛主席还询问了长江流域历史上发生洪水灾害的情况以及暴雨洪水形成的原因。

毛主席还十分关心长江水利委员会的技术力量。当林一山汇报说,有270位工程师时,毛主席惊讶地说:"你的工程师讲百呀!"主席又问:"那么你有多少技术员?"林一山回答:"有一千多。"主席更为惊讶地说:"哦,技术员讲千啊!"

"长江"舰抵达南京,陈毅同志登舰迎接。毛主席对林一山说:"好,我算是了解了长江,了解了长江的许多知识,学习了水利。"

6月4日 林一山在长江水利委员会第一次机关代表大会上作"治江工作基本总结报告"。他说:"荆江分洪工程从规划、设计到施工,都是以现代化的科学方法进行的。在75天时间里基本建成。它的建成,基本解除了荆江洪水的意外威胁,并使我们可以得到一个喘息之机,去进行整治荆江与根治长江的长远计划。"

6月19日 林一山在北京亲自撰写了《关于治理长江计划基本方案的报告》(以下简称《报告》),并正式上报中央。

报告分三个部分:①长江洪水特点;②治江方针;③几个主要防洪计划的基本方案。

《报告》以防洪为中心,更为明确具体地把长江的防洪步骤,分为三个阶段,即:第一步,以加强堤线防御能力的办法,挡住1949年或1931年的实有水位。第二步,半治本、半治标的计划,以中游为重点的、以蓄洪垦殖为主的办法,蓄纳1949年或1931年的决口水量,达到一个可能防护的紧张水位为目的。第三步,则以山谷拦洪的办法,从根治个别支流开始,达到最后降低长江水位为安全水位的目的。

9月 林一山提出《关于长江中游防洪排水问题的意见》,内容包括:①利用长江中游北岸洼地蓄洪的方案。计划蓄洪容量317亿立方米。②洞庭湖控制蓄洪方案。计划蓄洪量:东洞庭湖区为78.9亿立方米,西洞庭湖区为44.84亿立方米。③荆江北岸和洞庭湖区的排水方案。可以改善洞庭湖区排水不良及无法排水的320万亩农田的排水状况,并在不蓄洪年约有300万亩面积可以垦殖。荆江北岸排水不良的情况改善后,可使约242万亩变为良田,250万亩溃荒地可种一季小麦。

9月　长江汉江流域轮廓规划委员会组织汉江历史洪水调查队,对汉江安康至襄阳段进行了历史洪水痕迹的调查工作,历时两个多月,查到了1583年的洪水碑刻,为汉江规划提供了水文依据。

9—10月　林一山赴重庆长江上游工程局了解该局工作情况,要求该局加强研究三峡工程和支流水库计划。要求查勘选择三峡坝址,并继续进行1952年业已开展的金沙江、岷江、嘉陵江、乌江"四河"建库与三峡建库两种方案的比较研究。

同年,经过研究比选,得出"四河"建库拦洪,还不能根治长江洪水,必须在三峡建坝才能拦洪的结论。

10月12日　为适应长江建设需要,根据中央指示,长江水利委员会报中央水利部成立长江、汉江流域轮廓规划委员会,开展长江、汉江流域规划工作。为此,长委会拟订了《长江汉江流域轮廓规划工作纲要(草案)》。规委会根据纲要拟订了《长江汉江流域轮廓规划工作计划草案》,并积极开展了规划工作的准备和规划方案的初步研究。

11月　林一山写信报告毛泽东主席。为贯彻"长江"舰上毛主席关于南水北调工作的指示,是年组织了引汉济黄线路查勘。在丹江口河段,先后查勘了三条可能的线路,经比较认为,由丹江口水库自流引水,绕过唐白河平原,翻越汉淮分水岭方城缺口,然后向东北,经舞阳、许昌等地,在郑州附近入黄河的线路最为理想。

11月　长委会洞庭湖工程处提出《洞庭湖初步整理方案(草案)》。洞庭湖位于长江中游南岸,湘、资、沅、澧"四水"和其他中小河流由洞庭湖汇集调蓄后在城陵矶注入长江。突出的问题是"四水"尾闾和洞庭湖区的洪涝灾害。该整理方案对整理荆江河段的松滋、太平、藕池、调弦"四口"及沅江、澧水入湖洪道,提出四个方案:①"四口"经一条洪道入东洞庭湖;②"四口"并入两条洪道,分别入南、东洞庭湖;③在藕池口开洪道,江水汇华容河入东洞庭湖;④松滋口、藕池口建闸,调弦口堵塞。其中第三方案为推荐方案。

1957年12月,长办组织查勘"四口",并于1958年5月提出《"四口"查勘报告》,该报告对调弦堵口,藕池口建闸(高陵冈、老洲、沙湖垸附近三个方案)、松滋口建闸(左岸上星垸、右岸何家台两个方案),以及通航等问题作了论述。

1953年 林一山针对水库建设中的移民问题,提出了"移民工程"。他认为移民问题确实是一个庞大的、艰巨的、复杂的、细致的工程。它牵涉面广、问题复杂、政策性强,关系到千万移民的生产和生活,是一项系统工程,因此,称为"移民工程"较之"开发性移民"更为贴切。

1953年 在荆江分洪工程胜利建成之后,林一山以《学习〈实践论〉总结荆江分洪工程的施工与设计》和《学习〈矛盾论〉总结荆江分洪工程的设计思想》为题,撰写专文,先后发表在《长江日报》上。其后,由中南人民出版社出版了单行本。长委会并组织职工学习毛泽东所著《实践论》和《矛盾论》。

1954年　四十三岁

1月　为开展汉江流域规划和治理，长委会组成汉江洪水痕迹调查队进行汉江洪水痕迹调查，历时3个月，5月提出调查报告。此次调查范围包括湖北、湖南、陕西3省12个县，重点在干流白沙至襄阳段。

3月中旬　林一山主任、任士舜副主任率领有关人员，对荆江大堤及荆江分洪工程进行检查。发现荆江大堤的郝穴、冲和观、祁家渊等几个主要堤段中，冲和观险情最为严重。该处位于沙市以下35公里处，为江流转弯处的迎流顶冲堤段，发生崩坍和挫裂长600米。当即采取抛石护坡等工程措施。对荆江分洪区内工程也作了专门检查，对薄弱环节采取了相应的措施。

4月　长委会上游工程局组织查勘长江三峡工程的葛洲坝、南津关、南沱、黄陵庙、三斗坪、茅坪、太平溪等坝址之后，编制了《关于长江三峡水库情况的简要说明》，认为黄陵庙、三斗坪、茅坪等火成岩（或灰质岩）坝址值得认真研究，并提出在葛洲坝修建三峡工程航运梯级的建议。"为了配合水库坝址选在南沱或南沱以上的花岗岩地区，使长江中下游的货轮无需换船，直接驶入水库，需维持南津关至水库坝址间的洪水比降在1∶15000~1∶20000之间，消除峡谷急流，因此，在南津关的下游，葛洲坝的北端，距宜昌二码头6.1公里勘选渠化坝址。"

1954年初　在林一山主任的关心支持下，在江苏海门县青龙港首次采用沉排护岸。青龙港位于长江口北支进口转折处，自20世纪以来，由于上游河段河势变化及径流潮流作用冲击等影响，青龙港附近江岸崩岸加剧。1950—1954年坍进江岸宽度1.05公里，平均年坍270米，情况十分危急。江苏南通专员公署向长委会、苏北行署、长江下游工程局呼吁报请采取防护措施，进行重点整治。长江下游工程局提出"沉排护岸"意见，报请水利部批准实施。

工程于1954年3月18日开工，至1956年6月分5期进行。共完成护坡长度3072米，柴排总厚度1~1.2米。为防止沉排地段两端被水流冲刷，用沉柴石辊、抛沉链子石、树枝石办法进行裹头维护。

林一山在视察下游局时，指示要认真总结经验。青龙港沉排护岸的成功经验，在长江中下游河道整治保坍护岸中发挥了较好作用。

1954年汛前　长委会加强了水情、天气预报工作。中华人民共和国成立前，长江流域基本上没有开展水情预报工作。1951年，长委会开始进行汉江沙洋及荆江沙市的短期洪水预报。1954年汛前，初步充实、制定长江干流河段预报方案及少数支流或区间降雨径流预报方案。在本年特大洪水持续时间，各地汛情电报最多一天达1700多份，长委会领导组织全委有关技术力量参加水情分析预报。当全江水位几乎全线报落，唯武汉、黄石水位上涨时，提前一个星期准确预报出汉口洪峰水位为29.73米（1865年有实测记录以来的最高水位）。准确无误的水情预报为领导决策，为三次启用荆江分洪工程和武汉市几次紧急抢修子堤，正确指挥抗洪斗争作出了重要贡献。

4月入汛至6月中旬长江中下游干支流普降暴雨，致使干流各控制站水位超过警戒水位。7—8月，金沙江、岷江、嘉陵江、乌江及三峡区间先后连降暴雨，干支流洪水严重遭遇，洪峰频发，峰高量大。宜昌站径流总量5751亿立方米，约为多年平均值的1.3倍；大通站年径流总量13539亿立方米，约为多年平均值的1.5倍。干流各控制站水位超过历史最高水位0.6~1.66米。在采取荆江分洪措施后，沙市最高水位达44.67米，超过44.49米的保证水位；汉口站8月18日最高水位达29.73米，超出1931年的最高水位1.45米，创历史新记录。长江中下游各站警戒水位以上的持续时间为69~135天，防汛任务十分艰巨。

党中央和各级地方政府组织领导沿江共约1000万名农民、工人、解放军、干部和学生参加了抗洪抢险，同时启用荆江分洪工程采取临时分洪措施，保卫了荆江大堤安全，防止了毁灭性灾害的发生，最终取得抗洪的重大胜利。

因超额洪量特别大，1954年分洪溃口总量达1023亿立方米，淹没耕地4700万亩，淹死3万人，京广铁路百日未正常通车。

1954年汛期　武汉市警戒水位以上的洪水期长达100天，最高水位超过1931年洪峰水位1.45米。在省、市领导直接部署和武汉市防汛总指挥部指挥下，环市140公里堤上30万军民奋力拼搏。历经3个月的日夜防守，五次抢筑子堤，以及运用分蓄洪区分蓄洪水，最终战胜洪水。据不完全统计，抗洪期间共完成土方300万立方米、石方24万立方米、沙石料8万立方米，使用麻袋350万条、草袋95万条、芦席14万张、芦柴30万公斤。全国包括工程技术人员、技工及埽坝工人、排水队、铁道兵团、潜水员、空军部队等共约3万人支援了抗洪抢险；同时各地千余辆汽车和众多的抽水机、拖轮、驳船等支援了抗洪抢险。

为庆贺武汉防汛取得伟大胜利，1955年5月国家主席毛泽东亲临武汉，并为武汉人民防汛斗争胜利题词："庆贺武汉人民战胜一九五四年的洪水，还要准备战胜今后可能发生的同样严重的洪水。"

7月22日2时30分，当沙市水位上升到44.39米时，上游洪水继续上涨，预计沙市水位将达44.86米，决定荆江分洪工程第一次开闸分洪。54孔闸门全部打开，分洪流量4400立方米每秒，至23日8时沙市水位下降为44.11米，第一次分洪量23.5亿立方米。

7月29日6时，沙市水位再度上升到44.22米，预计沙市洪峰水位将达45.03米，决定荆江分洪工程再次开闸分洪，最大分洪流量4000立方米每秒，分洪总量17.2亿立方米，分洪后沙市水位下降到44.10米，又一次遏制了急剧上涨的洪峰，8月1日下午分洪闸关闭。

江西、湖南雨季延长至7月尚未结束，而四川雨季又提前3个多月从4月份开始，雨区范围广，降雨强度大。4月、5月、6月积雨之后，长江中下游一带已呈江湖满槽之势。7月份全流域又普降大雨，上游金沙江、岷江之洪水与嘉陵江之洪水相遇，又复与乌江及三峡区间暴雨径流相遇。中游洞庭湖沅水、澧水涨水，鄱阳湖信江、饶河、抚河涨水，汉江也是雨区广宽洪水较大。整个长江中下游水位高涨，均超过警戒水位，部分地区超过保证水位，发生若干溃口，而江水仍上涨不已，不少地区出现了历史上有记载的最高水位记录。

8月1日21时40分，沙市水位44.35米，荆江分洪工程第三次开闸分洪，最大分洪量为7700立方米每秒。因荆江分洪区已两次分洪，所剩容积有限，难以接纳接踵而来的洪水，遵照中央指示于8月4日扒开虎东堤肖家嘴放水,口门宽1436米,吐洪入虎渡湖,再经南闸下泄,总量48亿立方米。

8月6日,又扒开虎西山岗堤,口门宽565米。与此同时,黄天湖排水闸也开启泄洪;荆右干堤郭家窑附近也于6日24时漫溃。

8月7日,又扒开枝江上百里洲,口门宽300米,分洪流量3150立方米每秒,总量1.7亿立方米。

8月8日,又相继扒开北闸下腊林洲堤,口门宽250米,分洪流量为1800立方米每秒,总量17亿立方米,同时又在监利上车湾扒口分洪。口门宽1030米,流量8930立方米每秒,总量291亿立方米。

经过这一系列的分洪、泄洪措施,沙市8月7日下午最高洪峰水位仍高达44.67米,创历史上有记载的最高水位,上下荆江流量分别为50000立方米每秒和35000立方米每秒。

之后,荆江水位缓慢下降,8月22日沙市水位降至42.7米,分洪闸关闭。

荆江分洪区第三次分洪总量包括腊林洲扒口进洪量在内,共计82亿立方米。

根据长委会水文处推算,如果不是运用荆江分洪和其他分洪措施,沙市水位即可涨至45.63米(中央规定保证水位为44.49米),后果难以预计。充分说明,荆江分洪工程运用后效果显著。

8月16日 长江下游工程局关于华阳湖蓄洪垦殖工程比较方案明确以蓄洪为主,上报水利部。后据下游工程局报告,水利部在核转该工程初步设计时,认为垦殖效益很显著,蓄洪效益则不明显,将建设方针改为以垦殖为主。该局已将不同意改变建设方针之理由向水利部申述。为慎重起见,长委会除同意下游局意见,认为建设方针仍应以蓄洪为主外,并直接向水利部报告,其理由要述如下:

(1)长江洪水量异常巨大,洪水灾害防治必须建设一系列巨大工程后始能达到根治,故不能因为华阳河工程不能单独解决某一特大洪水年的水灾问题,而认为蓄洪效益不显著。华阳河各湖面积达鄱阳湖之半,为鄱阳湖附近仅次于鄱阳湖之大湖泊。经控制后,有效蓄洪量达48亿立方米,其蓄洪效能将超过鄱阳湖的自然蓄洪效能,决不能忽视。

(2)湖泊蓄洪工程技术性比较低,收效快,与山谷水库方案不致产生重大矛盾,为现阶段最适宜的防洪措施之一。

（3）华阳河各湖泊的容量可以在约一个月的时间内降低下游水位0.2~0.4米，或在较短的时间内降低更多，效益不能说不显著。

（4）为保障中下游的安全，加高加固沿江堤防是必要的，但若单纯依靠加高堤防而不与湖泊蓄洪配合进行，则将不必要地增加洪水对两岸的威胁。就今年的情况而论，武汉的流量较以往年份同水位的流量小得颇多，下游的顶托当为武汉同水位的流量变小的重要原因，故降低下游水位对中游亦有重要意义。目前各滨湖区农民多有单纯围垦的思想倾向，蓄洪为主的方针尤有强调提出的必要。

8月28日 林一山提出《长江防洪排渍计划初步方案》。这是根据当年发生的长江特大洪水后，对1953年9月向中央提出的治江基本方案的补充。该方案称：

（1）1954年长江洪水溃决淹没面积21000平方公里，总水量约1000亿立方米。这是实际需要的蓄水量，全部解决，非短期可以完成。目前的经济条件应该是一般地区暂按已有标准恢复原状，中心城市和一些大块农田地区以不受1954年型洪水淹没为标准，荆江大堤及武汉市则应在任何情况下都要确保。

（2）我们的防洪工程必须要抓住重点。重点工程以防御1954年百年一遇大水为设计标准，也要与解决流域内其他地区的洪水结合起来，我们新拟的重点防洪工程蓄洪总量680亿立方米，对全流域讲可以解决1949年型和1931年型洪水，遇到1954年型洪水，可以保住重点地区不发生洪灾。今后只有陆续兴建汉江丹江口水库和沅水五强溪水库，特别是建成三峡水库以后，才可以使长江洪水问题从根本上解决。

（3）防洪工程要与排渍工程结合起来。

（4）几项重点防洪排渍工程计划。

①确保荆江大堤工程计划：包括荆江大堤加固计划、荆江蓄洪计划和下荆江泄洪计划。

②治理洞庭湖计划：包括东洞庭湖、西洞庭湖、南洞庭湖整理计划。

③确保武汉防洪排渍计划概要：包括武汉市堤防加固、内荆河防洪排渍、梁子湖分洪、武汉附近湖泊蓄洪排渍计划。

④下游赣皖地区重点防洪计划：包括鄱阳湖、军山湖等处及沿江赤湖、

赛湖地区之蓄洪垦殖工程计划、华阳河蓄洪垦殖工程计划等。

9月4日　中南行政委员会发布命令，根据中央人民政府政务院7月30日批复，决定成立湘鄂赣蓄洪垦殖委员会，由中南行政委员会直接领导，技术业务由长委会负责。正、副主任委员分别由中南局秘书长刘建勋、长委会主任林一山担任。

1955年8月9日，国务院批复中央水利部，同意撤销湘鄂赣蓄洪垦殖委员会，并指出：该委员会撤销后，长江中下游蓄洪垦殖统一规划工作由长委会负责，省水利部门予以协助。

9月　林一山再次提出《关于治江计划基本方案的报告》（以下简称《报告》）。这次报告是考虑了1954年长江洪水情况，对1953年6月所提《治江计划基本方案》的补充。

《报告》根据长江的几个主要特点，尤其是水量大的突出特点，再次强调必须作长期的全盘计划，并兴办一系列巨大工程之后，才能达到根治目的。因此，拟定治江方针的原则，仅就防洪阶段而论，也应该是以最为经济简单迅速有效的、以逐步的分期的并以中游为重点的做法去完成全盘任务，而不能像其他一般较小河流或某些与地方国民经济关系较为简单的河流那样，一次就可以定出一个一气呵成的治理计划。

因此，目前根治长江的防洪计划应该分为三个阶段，即：由一定限度的提高堤防防御能力的办法，到结合扩大农业耕种面积排除农田渍水灾害的平原蓄洪方案，最后则以配合工业交通、农田灌溉的山谷拦洪计划达到基本解决问题的目的。至于将来彻底消灭一切大小灾害的要求，就必须另拟方案。

《报告》论述按上述要求完成几项重点防洪排渍工程之后，其蓄洪总量可达680亿立方米。即：荆江附近区蓄洪100亿立方米，其中：荆江分洪区50亿立方米，荆江蓄洪区30亿立方米，下荆江泄洪区20亿立方米。在洞庭湖附近蓄纳洪水200亿立方米，其中：西洞庭湖蓄垦区50亿立方米，东洞庭湖蓄垦区（包括大通湖在内）100亿立方米，南洞庭湖蓄垦区40亿立方米，黄盖湖蓄垦区约10亿立方米。在武汉防洪计划中蓄纳洪水277亿立方米，其中：洪湖蓄垦区80亿立方米，汉江分洪区27亿立方米，梁子湖分洪区130亿立方米，东西湖、武湖及张渡湖三蓄垦区40亿立方米。在下游防洪计划中蓄纳洪水100亿立方米,其中:华阳河蓄垦区50亿立方米,鄱阳湖蓄垦区50亿立方米。

9—10月 水利部、电力工业部、国家计划委员会共同组织邀请参加黄河技术经济报告编制工作的苏联专家组组长克罗廖夫和地质专家阿卡林等到长江三峡地区和汉江干流进行查勘。李葆华、刘澜波、张含英、林一山及湖北省、武汉市、宜昌地区的领导皆参加这次查勘。专家们认为,在黄陵庙背斜东翼石灰岩区建坝,工程地质条件十分复杂,黄陵庙坝区深厚风化壳存在,美人沱片麻岩可能风化较浅,建议进行研究。

查勘汉江后,编写了《汉江流域一般特征》的查勘报告。对汉江水资源开发提出了两个梯级比较方案,两个方案中丹江口水利枢纽均为骨干枢纽。查勘团初步意见,将丹江口水利枢纽作为开发汉江的第一期工程,主要任务是防洪、灌溉。

12月中旬 1954年长江发生全流域性特大洪水后,12月中旬的一个晚上,毛泽东、刘少奇、周恩来等党和国家领导人从武汉返京途中,在火车上听取了林一山关于三峡水利枢纽和坝址查勘情况的汇报。毛泽东主席询问三峡工程在规划设计上的一些重要问题和长委会有无技术力量完成三峡工程。林一山答:如果中央要求在较早的时间内建成,依靠我们的技术力量在苏联专家的帮助下,是可以完成的。如果不用苏联专家帮助,我们也可以建成三峡工程,但需要在汉江丹江口水利枢纽建成后,依靠我们的技术力量是可以建成的。

毛主席又问,三峡的地质条件怎样?林一山汇报说,由于我们现在的勘测手段如钻机等设备很不完善,更没有水上的勘探设备,难以具体说明,但由于我们对宜昌以上的长江干流进行了初步的水文分析研究和地质踏勘工作,发现在黄陵庙一带为花岗岩区,应作为坝址选择的范围。因此,初步认为过去萨凡奇所选南津关石灰岩区是不适宜的。

林一山还就南津关石灰岩坝区和美人沱花岗岩坝区的地质基础情况进行重点比较。毛泽东主席对花岗岩的风化情况询问得很详细,林一山说,由于还没有进行钻探,仅作了些坑探工作,还无法作出具体回答。但在25公里火成岩坝区河段,总会选到好的坝址。

考虑到兴建三峡工程涉及长江的综合利用。中央决定立即开展长江流域规划工作,并开始对三峡进行系统的勘测、设计、研究工作。不久,由周恩来总理亲自写信给苏联部长会议主席布尔加宁,要求苏联派专家来华,帮助工作。

据林一山回忆,过了几天,他专程赴京,向水利部副部长、党组书记李葆华汇报这次毛泽东主席等在火车上接见情况。李葆华说,国务院刚刚来文通知,苏联部长会议主席布尔加宁给中国复照,同意派苏联专家来华,帮助长江流域规划和三峡工程的研究工作。第一批专家12人将立即前来中国。

12月23—27日 长江水利委员会成立五年来第一次委员会议在武汉召开。会议主要根据中央对治理长江的要求,配合流域规划工作发展的需要,讨论长江治理的计划方案。林一山在会上作了题为《为集中力量整治长江而斗争》的报告,报告对长委会成立五年来的工作,从对长江流域特点的认识、对于治江方针的拟定及其发展、各项工作完成情况和在既定工作中若干遗留问题等方面进行全面系统的回顾,并提出对若干主要问题的经验与教训。

报告还着重对若干亟待处理的重大问题进行具体分析,提出:要从水利开发计划方面去估计国家建设规模的发展;中央对于我们工作任务的具体要求是周恩来总理在全国人民代表大会的政府工作报告中指出的;今后必须从流域规划入手,采取治标治本结合、防洪排涝并重的方针……报告明确提出,我们目前最大困难还不是任务与力量不相适应的问题,主要的还是在于我们尚未充分发挥已有的力量。目前特点是:任务大而多,力量分散,领导不统一,以及因此而形成的技术水平未能及时提高,工作效率低,许多潜在力量未得到充分发挥。最后提出集中主要力量解决中心问题与适当地照顾局部要求。

据此,决定将全江上、中、下游工程局与洞庭湖工程处等各综合性机构所属编制,原则上全部由长委会直接统一组织使用。以省为单位的修防机构如何转交地方以及对某些重大任务(如洞庭"四水"规划)和急需解决的较大工程由长委会与各省商讨合作办法与合作计划。

会上还修正通过了《长江水利委员会条例(草案)》。

12月　长委会提出汉江杜家台分洪工程建议。1955年10月10日,杜家台分洪工程指挥部成立,指挥长为湖北省省长张体学,副指挥长为长委会任士舜、程敦秀,长委会雷鸿基兼任总工程师。

该工程是国家第一个五年计划重点建设的水利工程之一,其作用是解决汉江下游泽口以下经常性水灾,缓解洪水对武汉市的威胁。

汉江下游河道狭窄,又受长江高水位顶托,泄洪能力远小于上游。仅1931—1954年的24年间,下游堤防溃口成灾十分频繁。1954年,长委会提出《汉江下游分洪工程初步设计》,1955年2月提出《杜家台分洪工程技术指示书》。

该工程主要由杜家台分洪闸和分洪道组成。最大分洪量可达5300立方米每秒,可增大汉江下游泄量,减少丹江口水库调洪库容。在丹江口水库未建前,可将汉江下游防洪能力从2年一遇提高到5年一遇标准。

该工程于1955年11月21日开工,1956年汛前完成。

1956年7月2日,由于汉江大水,杜家台闸上游水位34.60米,14时10分,杜家台分洪闸首次开闸分洪。至6日18时11分关闸,分洪总量5.14亿立方米,上游水位降至33.50米,杜家台以下汉江各站水位均降至保证水位以下。

8月24日17时45分,杜家台闸上游水位达34.54米,再次开闸分洪,至30日关闭。最大分洪量3120立方米每秒,分洪总量8.37亿立方米,分洪后,仙桃、汉川等地水位立即下降,削减了洪峰,保证了堤防安全。

工程自建成至1985年,共开闸分洪19次,分洪总量达191亿立方米。

1955年　四十四岁

1月13日　长委会提出整编方案。为适应开展长江流域规划的需要，将原设在南京、重庆等地的技术力量集中到武汉。本着精简机构、集中力量的精神，撤销上、中、下游三个工程局，成立过渡性的重庆、南京办事处；为加强勘测设计和实验研究工作，将原有的规划、设计、测绘和地质勘探等机构集中成立勘测设计院，将原实验室扩展为实验研究所；为加强思想政治工作，成立政治部。

3—6月　分设于重庆、汉口和南京的上、中、下游局先后撤销（中游局3月1日、上游局4月23日、下游局4月27日），大部分力量集中到汉口长委会，以便开展长江流域规划的编制和三峡水利枢纽建设方案的制定工作。

1955年6月24日，水利部转发国务院指示：同意撤销你会所属上、中、下游工程局。

3月9日　中国技术进出口公司在莫斯科与全苏技术工业出口公司签订了1002号技术援助合同，聘请苏联专家对长江流域规划工作进行技术援助。同月27日，又签订了合同第3号补充书，第一批苏联专家6月来汉。

在林一山的部署下，为了做好苏联专家到长委会的资料准备工作，饶兴副主任等向苏联协助黄河三门峡设计的克鲁廖夫专家请教材料准备事宜。根据专家建议，编制了《长江流域情况报告》和资料目录。

5月9日　长委会根据1954年大水情况发出《对1955年防汛工作的意见》（以下简称《意见》），提出长江中下游堤防和汉江干堤控制站的保证水位。该《意见》提出，位于荆江大堤的沙市站保证水位取44.49米。武汉市堤的汉口站保证水位取29.73米。黄石市堤的黄石港水位取26.41米。长江一般干堤保证水位取当地历年最高水位，对同马大堤、南京市堤、汉江干堤、湖南省江堤,以1954年当地实有水位或1949年当地实有水位、当地最高水位为保证水位。

6月12日　以叶果洛夫为临时代理组长的苏联专家组成员4人先期到达长委会。长委会勘测设计部门、水文处及湖北、湖南、江西、安徽、河南、四川、云南、贵州各省,地质部、交通部长江规划组、武汉水电工程局等单位先后向专家介绍有关情况。

7月29日　苏联专家组组长德米特列也夫斯基等人到汉。至此到本会的专家共8人,他们是:

组长、水工结构专家:德米特列也夫斯基

副组长、灌溉专家:马林诺夫斯基

港务专家:卡米列尔

水文水利计算专家:斯捷尔马赫

地质专家:阿卡林

测量专家:叶果洛夫

河运专家:波米澜采夫

地质专家:德勤斯基

在此期间,本会有关单位先后向苏联专家介绍了长江流域的有关情况。主要是:长江干流及主要支流水文资料年限及精度、三峡地区情况、汉江规划工作情况、长江中游平原区洪水特性、1954年洪水情况、长江上游支流研究情况、汉江流域有关灌溉规划工作情况等,并商讨了查勘工作。

专家们还审阅了本会提供的资料,认为准备比较充分,已基本具备进行流域规划的条件。

9月上旬,专家组组长德米特列也夫斯基与林一山等领导和技术人员就长江流域规划工作的方向交换意见。

经反复讨论,双方一致认为长江不仅本身是世界上屈指可数的大河流,其主要支流大多数也是很大的河流,长江治理首先遇到的突出问题是洪水灾害严重。因此,应该把长江治理规划分为两个基本阶段。

第一阶段是编制《长江流域规划要点报告》。这一阶段的主要任务是提出从根本上解决防洪问题的措施,包括修建永久性的拦洪水库和临时性的蓄洪分洪工程等,其他水利工作也要结合进行,但处于从属地位。

第二阶段是编出《长江流域综合利用规划》。这一阶段的任务是在长江水利建设不断发展的基础上,随着防洪问题解决的程度,其他水利要求,可以更多地得到满足。

《长江流域规划要点报告》预计1956年底可以提出,上报国务院。汉江流域规划及长江中游防洪排涝规划是《长江流域规划要点报告》的重要内容。

10月 农业部、林业部、水利部联合召开第一次全国水土保持工作会议。会议提出水土保持工作方针,并要求建立水土保持工作机构。12月起,长江流域上中游各省相继成立由水利、农业、林业等部门组成的水土保持委员会及其办事机构水土保持办公室(一般挂靠各省市水利厅、局)。为了加强全流域水土保持工作的综合协调,1956年刚建立的长江流域规划办公室(简称"长办"),在农业灌溉室设置水土保持专业组。1981年5月,长办在规划处设立水土保持科,负责流域的水土保持查勘、规划和科研,协调和推动流域各省水土保持部门开展工作。

10—12月 为开展长江流域规划和三峡水利枢纽工作准备资料,长委会组成长江查勘团,由水利部副部长、党组书记李葆华和长委会主任林一山率领,苏联专家组组长德米特列也夫斯基率全体苏联专家参加,进行了大规模的查勘。参加的单位有:国家计划委员会、水利部、地质部、燃料工业部、交通部及长江航运管理局、西南水力发电工程局、南京农科所、四川省水利厅、西南农学院、云南水利局等单位也派员参加,全体人员共143人。

查勘团分成专业组,在重庆集合,溯江而上,查勘了金沙江、岷江、大渡河、嘉陵江等长江干支流,然后挥师东下,查勘三峡,历时72天。

通过查勘和初步研究,德米特列也夫斯基代表苏联专家组提出应以重庆上游40公里的猫儿峡枢纽作为治江的重点工程,再配以嘉陵江温圹峡枢纽、岷江偏窗子枢纽、金沙江向家坝等一些大中型枢纽,以解决长江中下游防洪问题,即所谓猫儿峡方案。他们认为三峡水利枢纽的规模太大,投资过多,不太现实,而猫儿峡枢纽装机几百万千瓦,工程投资少,工程比较简单。

林一山代表长委会提出,根据长江历史洪水调查情况,长江中下游防洪问题十分严重,非常紧迫,并且,即使长江上游各个支流上都建大坝,其下游到宜昌区间，还有30万平方公里的暴雨区无法控制。他还指出了猫儿峡、温圹峡、偏窗子等枢纽方案，要淹没天府之国大片良好耕地，并且还无法解决长江中下游防洪问题。因此，提出了以三峡水利枢纽作为长江流域规划关键工程的重要意义。

这两种在治江战略重点问题上的不同意见，双方坚持不一。

12月，国务院总理周恩来在北京主持会议，听取了长委会主任林一山和苏联专家组组长德米特列也夫斯基关于治江战略重点问题上的不同意见。中国科学院副院长竺可桢也在座。

周总理说，中国的情况和苏联的情况有许多不同，长江中下游的防洪问题十分紧迫，1954年的特大洪水教训很大。我国耕地面积很少，猫儿峡枢纽淹没太大，且距离防洪重点保护区的长江中下游太远。三峡水利枢纽有巨大的调蓄库容，并且地理位置优越，综合效益巨大，有着"对上可以调蓄，对下可以补偿"的独特作用，还是以三峡水利枢纽作为长江流域规划的主体为好。苏联专家组组长表示赞同。

12月　长委会提出《长江中游平原区防洪排渍方案》，此方案是在长江干支流各主要山谷拦洪工程未兴建前，提出若干临时的（也有些是永久性的）技术措施计划，实施后可以减少中游地区洪涝灾害，确保武汉市大城市安全，减少大块农业地区渍涝淹没损失，研究的范围包括荆江区、洞庭湖区、荆北区、武汉附近区。

荆江区：通过加高枝江至沙市的堤防，扩建荆江分洪工程，使分洪流量从8000立方米每秒提高至17000立方米每秒，增建涴市蓄洪区，扩大荆江南岸河槽，可以有控制地解决200年一遇设计洪水。

洞庭湖区：控制藕池口，堵塞调弦口，增辟东洞庭湖区为蓄洪垦殖区，并整理"四口"、"三口"尾闾通道，加高堤防，使洞庭湖区再遇1954年同等大洪水时，确保重点区172万亩农田不受淹。

荆北区：辟洪湖区为蓄洪垦殖区，整理排灌渠道，控制长湖，在1954年同大洪水年份可以减少淹没面积1767平方公里，不分洪年可以增垦农田93万亩。

武汉附近地区：辟西凉湖、东西湖、武湖为蓄洪垦殖区，有效蓄洪量81.7亿～84.2亿立方米，不分洪年可增垦21万亩农田。

　　通过上述措施,如遇 1954 年同样大的洪水,可以减少淹没面积 74%,保证汉口水位不超过 29.73 米。

　　1957 年 7 月 15 日,长办根据水利部指示和有关省、市意见,提出《长江中下游平原防洪排渍规划指示书》(以下简称《指示书》)。其中,提出下游排渍规划方案;并注意近期与远景相结合,在将来干支流大型水库兴建后,仍能发挥综合效益。《指示书》提出 22 条研究内容,由长办组织长江中下游各省(直辖市)协作共同完成,并编入《长江流域综合利用规划要点报告》。

1956年　四十五岁

2月　林一山撰写了《关于长江流域规划若干问题的商讨》一文。拟在长江流域规划工作中,能正确贯彻中央的方针,同时鼓励更多同志参与长江流域规划重大原则问题、技术问题的讨论,圆满完成长江流域规划要点报告。

文章阐述了六个方面问题:①在长江流域规划中首先解决防洪问题,"防洪与排涝并重"是长江流域治理的重要原则,"治标与治本相结合"是长江流域规划的重要措施。②长江平原地区的防洪排涝方案与综合开发计划需结合研究,并考虑如何结合山谷水库及为流域规划创造有利条件。要加强河道的观测研究,达到重点加强,逐步普遍布置的目的。③迅速开展干流水库的枢纽布置、设计、科研。根据防洪的要求,初步研究长江干流宜昌以上河段宜宾南广河口区、重庆猫儿峡区和宜昌三峡区。其中宜昌三峡区和重庆猫儿峡区是研究的重点对象,但三峡水库的防洪效益优于猫儿峡水库。因此,在流域规划阶段的同时,应进行三峡水利枢纽的方案设计与科研。④研究长江干支流航道计划。⑤研究引汉济黄济淮的可能性与现实性,引江济黄济淮的远景规划。⑥研究干支流的区域规划、电力开发、丘陵地带灌溉等问题。

同年5月,该文在《中国水利》第5期和第6期发表。5月中旬,长委会选择引汉济黄济淮工程枢纽位置,组织设计查勘人员对丹江口地区进行查勘,重新认定引汉济黄济淮的南线陶岔与北线王岗的枢纽位置。

同年9月1日,长委会继3月首次查勘三峡水库引水至南河过汉江济淮济黄线路后,再一次踏勘了长江至汉江支流南河段。通过踏勘香溪至南河礼县的线路选出3条可能路线,三峡经沮河至南河选出5个进水口线路,2条出水口线路。

2月　为了进行长江流域规划和三峡工作,在1955年中苏专家查勘三峡河段后,1956年2月长委会再次组织中苏专家查勘了猫儿峡和三峡,选择了 12 个可能开发的坝址。5 月,从 12 个坝址中选择了进一步研究的重点坝址,包括美人沱和南津关坝址。

2—6 月 长委会开始组织苏联专家对长江中下游的农田水利进行查勘。2 月 23 日,林一山派长委会灌溉室刘崇蓉协同苏联灌溉和土壤方面的专家马林诺夫斯基、舍瓦洛夫、依沃依洛夫查勘唐白河流域,了解当地农业生产、农田水利等情况,对灌区选定、灌溉用水量、渠系布置等进行研究。3 月 16 日,由长委会副主任陈离带队,苏联专家马林诺夫斯基等 3 人和灌溉室刘崇蓉等到江西赣抚平原(鄱阳湖水系)查勘。沿途就农业及水利土壤改良情况听取当地有关部门汇报和实地调查。4 月 11—25 日,对洞庭湖区进行有关水利土壤的改良进行查勘,拟了解农业及灌溉现状。5 月 14 日—6 月 14 日,长委会勘测设计院副院长孔晓春率苏联专家马林诺夫斯基及灌溉室刘崇蓉等对江苏、浙江、安徽 3 省进行水利土壤改良和灌溉查勘。查勘后,听取了当地有关部门对农业、水利、灌溉等方面的情况汇报。

3 月 19 日 林一山等赴长沙与湖南省委书记周小舟就今后流域和省水利机构分工合作问题、洞工处撤销问题交换意见并达成协议:①加强双方合作,洞庭湖规划在流域机构领导下,照顾地方农田水利发展的要求;②湘江规划在长委会直接领导下进行;③湘、资、沅、澧规划,湖南省委希望在长委会领导下进行,长委会表示同意;④长委会同意撤销洞工处。

同年,长委会提出《湘江流域规划要点报告》。报告认为湘江干流不宜兴建高坝水库,可以结合湘桂运河开发,修建低水头航运梯极,改善航道条件和合理开发资源。

1956 年初 林一山对委属单位下达丹江口工程初步设计任务。①全国水利会议要求长委会在 1957 年提出丹江口工程初步设计。长委会计划安排:1957 年 9 月完成初步设计,1958 年 9 月完成技术设计。②丹江口水库的任务是防洪(以基本减除汉江中下游洪水灾害)、灌溉(灌溉唐白河流域并引汉济黄济淮流域扩大灌溉范围)、发电和改善航运。通过引水济黄济淮的实施,创造京(北京)广(广州)运河通航条件。③设置汉江规划设计室,负责领导丹江口工程设计工作。④丹江口工程设计按初步设计、技术设计、施工详

图三阶段进行,包括丹江口水库、丹江口枢纽、济黄枢纽和丹江、唐白河分水岭上的副坝等四部分。

1956年初 长委会成立经济室,下设综合经济组、动能经济组、水库组。经济室工作重点是摸清长江流域的社会经济基本情况,分析长江流域社会经济发展对长江水资源治理开发的要求,初步估算长江流域综合治理开发的效益及其对国民经济的影响。

6月 水利部、国家计划委员会、电力部、交通部、地质部等部门讨论长委会编制的《汉江流域规划简要报告》,鉴于汉江规划较为复杂,内容较多,水利部要求长委会在今年下半年提出汉江规划要点。

同年9月2日,长江流域规划苏联专家组就长委会《汉江流域规划简要报告》提出书面结论。

同年11月,长江流域规划办公室(10月22日,长江水利委员会改建为长江流域规划办公室,简称"长办")组织各方面专家(包括苏联专家)经过多次讨论、研究,完成《汉江流域规划要点报告(送审稿)》,并报送水利部。报告共11卷约40万字。报告以汉江干流为主,考虑了汉江流域防洪、灌溉、引水济黄济淮、发电及航运等方面的综合利用要求,拟订了治理开发汉江的基本方案,提出将汉江分六级开发(黄龙垭、石泉、二郎滩、甲河关、丹江口、碾盘山)。其中丹江口梯级是汉江综合利用开发中最重要的梯级,选定为综合利用的第一期工程。因汉江综合利用问题较为复杂,规划汉江上游地区以发电、水土保持为主要任务;中下游洪灾严重,其防洪方针以水库蓄洪为主,辅以下游扩大泄量。《汉江流域规划要点报告》还研究了引汉济黄济淮及开辟郑州、武汉通航运河问题;阐明了这些工程在技术上的可能性和经济上的合理性。该报告于1957年经水利部批准。

6月 长委会同苏联专家与国家计划委员会、西南协作区、四川省水利厅等单位再次查勘长江流域规划初拟的各坝址及三峡坝区,并初步拟定太平溪、三斗坪、南津关三处为三峡重点研究坝址。

7月 受中国政府委托,苏联政府派出100余人的航空测量队连同飞机

10余架，参加长江流域南、北两线的航空摄影测量。航摄范围东起四川巫山，西抵云南剑川、华坪、楚雄，北至甘肃天水、武都，南至贵阳、昆明。航摄比例尺高山区为1∶10万，其他地区为1∶5万。1957年10月，基本完成预定任务。这一期间的航摄是长江流域规模最大、面积最广的一次航摄，其成果经国家测绘总局验收合格。它为制定长江流域规划提供了宝贵资料，也是国家完成1∶5万基本地图的主要资料。

8月27日　林一山接到水利部副部长李葆华电话，党的八大可能讨论长江三峡工程问题，并列入国民经济发展计划。据此，林一山指示长委会将长江流域规划要点阶段的研究成果及干流水库方案比较情况写成报告，报李葆华转周恩来总理。

1956年夏　毛泽东主席来到武汉，接见武汉地区党政领导人，林一山就在其中。毛泽东主席见到林一山风趣地说："你这个'长江王'来了。""你能不能帮我找个人当国家主席，我给你当助手，帮你修三峡大坝，好不好？"从此，"长江王"的称呼由此传开。

10月22日　由于全面开展长江流域综合利用规划工作，流域规划涉及中央有关部、委和长江流域各省市，经国务院决定，将长江水利委员会改建为长江流域规划办公室（以下简称"长办"），属于国务院建制，由水利部代管。长办具体承担流域规划工作，其他相关部门派出人员参加流域的规划工作。11月27日。水利部颁发的"长江流域规划办公室"新印章启用，林一山为长办主任。

从当年起，长办开始系统地进行三峡水利枢纽的勘测设计和科研工作，中国科学院经济研究所、地质部、交通部（长江航务局）、农业部（水产司）、四川省、湖北省及有关大专院校等30多个单位相继参加，协同完成各项任务。

1956年底　长办邀请国家测绘局、总参测绘局等单位协同进行长江流域航空摄像测量，进行流域规划、防洪、水力开发、航道整理和各项科研。1956—1957年第一季度，对四川中部及毗连地区，包括长江支流大型水库及四川盆地约41万平方公里区域进行航摄。1957—1958年底，对宜昌至汉口、汉江、湘江、资水、沅江、澧水等流域地区约44万平方公里区域进行航摄。1958—1959年上半年,对金沙江中下游、大渡河、岷江上游约43万平方公里区域,丹江口库区、三峡地区、唐白河灌区、南水北调中线的汉江部分地区进行航摄。1954—1955年,总参测绘总局已对宜昌以下长江中下游地区,包括宜昌、武汉、安庆、南京、上海及洞庭湖、鄱阳湖、太湖、白河、襄樊等地56.4万平方公里的区域进行了航摄。这批航摄资料为新中国成立初期开展国民经济建设,搞好长江流域规划和测绘国家基本图等方面起到了极为重要的作用。1977年6月,长办正式成立航测队。

1956年

1957年　四十六岁

2月中旬　长办邀请并组织云南水电设计院、成都水电设计院、云南省水利局等10余个部门组成查勘队，开始对金沙江石鼓以下主要河段进行历时5个多月的复勘工作。复勘的主要目的是对已有的各项基本资料补充收集新资料，进一步论证已选的各梯级开发方案，并勘选新的可能开发的梯级坝址。8月完成复勘工作。10月提出了《金沙江复勘报告》。报告对流域内地质情况和各坝区的工程地质条件有较详细的叙述，并建议进行金沙江流域自然地理与河流发育的调查，提出3个初步开发的梯级方案，供规划中进行研究比较。

1958年9月27日—1959年2月21日，长办、云南省水电设计院、四川省水电设计院、四川省水文工程地质大队等单位再次重点查勘了干流虎跳峡至龙街、大石包至宜宾两河段。1959年3月完成《金沙江补充查勘报告》。

为配合金沙江流域规划，长办及有关单位组织力量，分别对金沙江流域各有关项目进行了调查、规划和研究工作，先后提出《金沙江流域自然地理调查报告》、《金沙江河谷地貌调查报告》、《金沙江地震活动区域图》、《金沙江流域水土保持规划报告》、《对金沙江航运开发的初步意见书》。

3月中旬　林一山指示长办派人到北京故宫博物院档案馆、中国科学院、北京大学等搜集历史文献记载的洪水资料，前后历时4个半月，至7月底完成。共搜集了1788年、1848年、1849年、1860年、1870年、1905年等6个没有实测水文资料、大洪水重点年份的原始档案约3万件中的550件档案。此外，查阅了地方志有关长江洪水资料108个府、州、县的地方志，明、清代历史舆图等。此次搜集历史洪水资料拟在结合已有野外洪水痕迹调查，为长江流域规划工作推求正确可靠的设计洪水创造了条件。

7月20日　林一山参加了长办召开的长江流域规划防洪标准问题讨论

会。会上,林一山提出防洪要特别强调人民生命的安全,荆江大堤在任何情况下都要确保,其他重要地区都要提出特大洪水年解决洪水问题的办法。

9月底 反映长江历史水文资料的《长江流域水文资料》整编刊印工作全部完成。共整编水位、流量、降水量、含沙量、蒸发量5个项目的资料23863站年,共计32册。至此,从1950年11月启动的该项工作,经对民国时期散存的历史水文资料进行多方考证、系统分析,全面整编完毕。

10月21日—11月1日 长办在武汉召开《长江流域综合利用规划要点报告》(简称《长流规》)讨论会。参加会议的有国务院第七办公室、国家计划委员会、水利部、交通部、农业部、铁道部、长江流域各省(直辖市)计委、建委、水利、交通等有关厅局的领导、专家和知名人士共102人(列席100多人)。会议中心议题是征求长江流域各省市对长办编制的《长流规》要点报告的意见。林一山在会上作了关于长江流域规划的报告。代表经过讨论,一致认为《长流规》的方针定为"综合利用长江水利资源,优先解决长江防洪问题"是正确的,以三峡枢纽为重点进行治江规划具有指导意义。各省代表结合各自的情况提出补充修改意见,上游各省(市)提出加强上游水土保持工作,开发上游各支流的意见;中游各省(市)除同意《长流规》中重点研究兴建三峡水利枢纽外,对近期各省应急兴建的工程提出各自的意见;下游各省(市)以排涝和防止沿江崩岸问题提出工程措施意见。河南省还提出及早兴建唐白河灌溉工程、兴建丹江口水库引水济黄济淮的建议,四川省提出限制三峡枢纽大坝坝顶高程,减少上游淹没损失意见;交通部提出修建长江三峡大坝要考虑不碍航和对港口的影响问题等。会议期间,还进行了防汛、航运、水土保持、农业灌溉、水产等各专业的座谈。

11月 国务院副总理李富春到武汉,林一山向他汇报了三峡工作情况,预计三峡工程投资49亿元。

1958 年 四十七岁

1 月 11—22 日 林一山参加了中共中央政治局在广西南宁召开的扩大会议。会议讨论了长江流域规划和三峡工程建设和造价等问题,会上,毛泽东主席听取了林一山、李锐关于长江三峡建设两种不同意见的汇报,并要求各写一篇文章加以充分说明。林一山作题为"长江流域规划与三峡工程"的报告,该文经周恩来总理修改后作为《长江流域综合利用规划要点报告》的总论。在这次会议上,毛泽东主席提出了三峡建设要"积极准备,充分可靠"的方针,并委托周恩来总理亲自抓长江流域规划和三峡工程建设,一年抓四次。

2 月 26 日—3 月 6 日 周恩来总理,李富春、李先念副总理与国务院有关部委、有关省区领导和中外专家 100 余人,由武汉乘船溯江而上,对长江中、上游河段及三峡坝址进行实地考察。

2 月 27 日,周恩来总理在船上主持了汉江流域规划和丹江口工程讨论会,魏廷琤汇报了关于丹江口水利枢纽工作情况。会议经过讨论,认为汉江是整个长江流域中洪水危害最大的河流,选定丹江口工程作为长江流域规划的第一期工程不仅能治理汉江的洪涝灾害,而且对实现长江流域综合利用的水利规划具有重要的战略意义。会上,周恩来总理支持先建丹江口工程,指出:一定要建好丹江口工程,确保质量,妥善安排移民,设计由长办负责,施工由湖北省负责,省长张体学挂帅。这是一次对丹江口工程具有历史性意义的会议。4 月,中共中央政治局决定兴建丹江口水利枢纽工程,水电部随即下达设计任务书。6 月,中共湖北省委受中央委托会同水电部及河南省审查批准了长办提出的《丹江口水利枢纽设计要点报告》,同年 9 月该工程正式开工兴建。

2 月 28 日,周恩来总理一行冒着大雪视察了荆江大堤。在大堤上,林一山汇报了荆江防洪工程和荆江大堤的情况。

3月1日,周恩来总理查勘了三峡南津关、三斗坪坝址,听取了长办总工李镇南"关于三峡枢纽布置及施工方案"的汇报,并要了一段三斗坪花岗岩岩心赠送毛泽东。

3月6日,周恩来总理在重庆作了考察的总结讲话,指出:"这次会议是根据'南宁会议'精神召开的,会议的主要议题是如何积极准备兴建三峡枢纽。从国家长远经济发展和技术条件两方面考虑,三峡水利枢纽是要修建,而且可能修建的,在政治上、经济上都具有伟大的意义,取得这样一致意见是很大的成功。两年来的争论是必要的,也是有意义的,不争论哪会有这样多的材料回答各方面提出的问题。今后长办的主要注意力要集中在三峡工程的准备上,对于以三峡为主体的长江流域规划要"统一规划,全面发展,适当分工,分期进行"。周恩来总理最后提出"鼓足干劲,相互促进,乘风破浪,力争上游"16个字相互勉励,并指出此次会议的副产物是丹江口水利枢纽工程纳入第二个五年计划兴建。

3月8—26日　中共中央"成都会议"召开。14日,毛泽东主席指出:"打开通天河、白龙江,借长江水济黄,丹江口引汉济黄,引黄济卫,同北京连起来。"23日,周恩来总理在大组会上作了"关于三峡水利枢纽和长江流域规划"的报告,并进行讨论。25日,会议正式作出了《中共中央关于三峡水利枢纽和长江流域规划的意见》的决议。决议明确指出:①从国家长远的经济发展和技术条件两个方面考虑,三峡水利枢纽是需要修建而且可能修建的;但是最后下决心确定修建及何时开始修建,要待各个重要方面的准备工作基本完成之后,才能作出决定。②现在应当采取积极准备和充分可靠的方针,进行各项有关的工作;尽可能减少四川地区的淹没损失,三峡大坝正常高水位的高程应当控制在200米。③要抓紧时机分期完成各项防洪工程,特别是荆江大堤的加固,中下游湖泊、洼地蓄洪排渍工程等,决不可放松。在防洪问题上,要防止等待三峡工程和有了三峡工程就万事大吉的思想。④长江流域规划工作的基本原则,应当是统一规划,全面发展,适当分工,分期进行。同时,需要正确地解决以下七种关系:远景与近景,干流与支流,上中下游,大中小型,防洪、发电、灌溉与航运,水电与火电,发电与用电,这七种关系必须相互结合。⑤三峡工程是长江流域规划的主体,但是要防止在规划中集中一点,不顾其他和以主体代替一切的思想。⑥由于条件的比较成熟,汉江丹江口工程应当争取在 1959 年作施工准备或者正式开工。为了加强对三峡工程和长江流域规划的领导,应当正式成立长江规划委员会,委员名单由周恩来总理提出,报告中央通过。

3月 长办经过修订补充正式提出《汉江流域规划报告节要》,确定丹江口枢纽为首期开发工程。

汉江是长江中游最主要的支流,它发源于秦岭南麓,流经陕、豫、鄂 3 省,全长 1577 公里,流域面积 15.9 万平方公里,总落差 1964 米。由于流域内暴雨集中,上游坡度较大,下游河道狭窄,洪水宣泄不畅,经常发生较大的洪水。1935 年 7 月发生的百年一遇洪水淹没 16 个县市,一夜之间 8 万余人丧命。

4月5日 中央政治局会议正式批准《关于三峡水利枢纽和长江流域规划的意见》,这是三峡工程和长江流域规划的指导性文件。

4月 根据"成都会议"精神,林一山全面部署三峡勘测设计工作,并积极为召开全国大协作的三峡科研会议进行准备,包括编制《三峡水利枢纽研究工作阶段报告》,介绍三峡工作的进展情况,提出需要研究的重点科研课题等,便于有关单位协同进行三峡水利枢纽的科研工作。

5月20日 林一山受邀参加由湖北省委书记王任重在国务院会议厅主持的 3 省水利会议,同时受邀的还有湖南省委第一书记周小舟、江西省委书记邵式平及 3 省有关负责同志。周恩来总理、李先念副总理、水电部副部长李葆华及国务院有关部门的负责人参加了会议。会上,林一山提出长江防洪方案和 3 省重大水利工程的初步规划。经过讨论,3 省取得一致意见,认为长江防洪问题,要从最坏处着想,要充分估计长江发生特大洪水的可能。会议还提出了荆江"四口"(藕池口、调弦口、松滋口、太平口)应当分别建闸控制。

5月下旬 林一山与水电部副部长冯仲云、河南省副省长彭笑千、南阳专区专员一行,从河南邓县出发赴淅川盆地与唐白河平原分水岭陈岗(引水渠首所在地)、唐白河与淮河的分水岭方城县。沿着这条线路进行实地查勘,为南水北调中线工程作前期准备工作。这次查勘,林一山以《华北胜江南》一文,详细描述了沿途所见所闻,该文后在《旅行家》杂志上发表。

6月4—6日　林一山参加中央有关部委和中共湖北、河南省委等有关部门在武汉洪山宾馆召开的丹江口水利枢纽工作鉴定会议。会议审查长办提出的《丹江口水利枢纽初步设计要点报告》,并就长办汇报的丹江口水利枢纽设计方案进行讨论,确定将审查意见写成《丹江口工程鉴定会议的报告》,于6月16日由湖北省委、省人民政府、长办联名报送中共中央、国务院。

审查意见:①丹江口水库正常高水位170米,死水位150米,选定第Ⅱ坝轴线。②枢纽布置为河床混凝土溢流坝和坝后式电站,两岸土石坝、河床混凝土坝与两岸土石坝之间采用插入式联结。溢流坝布置在河床右部和中部,包括大孔口溢流坝段及开敞式溢流坝段,总长464米。电站布置于河床左部,坝式引水,坝后式厂房,装机5台,总容量73.5万千瓦。③混凝土坝采用双墩大头坝。④通航建筑物在右岸预留位置,暂不兴建。⑤施工采用分期导流、第一期先围右部河床。

6月5—16日　三峡工程科研第一次会议在武汉召开,参加会议的有82个单位286人。林一山等介绍了三峡枢纽研究情况,然后分专业(经济、地质、水利、动力、机械、人防)组,全面讨论三峡水利枢纽的科学技术研究项目及问题。会议制定了三峡科研计划。根据计划,全国先后共有200多个单位近万名科技人员参加了三峡科研大协作。

1959年10月,召开了第二次三峡科研会议。

1960年9月,召开了第三次三峡科研会议。

6月12日　汉江丹江口工程委员会在武汉成立,委员会主任张体学,副主任林一山、彭笑千。同时还成立了汉江丹江口工程局,任命任士舜为工程局局长。

6月29日　林一山向国务院总理周恩来及水电部党组提出报告,建议在水利工程进行技术革新,在鄂西清江长滩枢纽和鄂南陆水蒲圻枢纽建三峡实验坝,进行大体积混凝土预制块装配筑坝及沙基固结灌浆试验,为三峡工程及提高水利水电工程进度进行科学试验。

6月　长办将几年来研究南水北调的成果汇编入《长江流域综合利用规划要点报告(草案)》(以下简称《报告》)。《报告》中指出:长江水量丰沛,在充分满足本流域用水要求外,还可向邻近流域供水。从农业发展远景看,华北平原区水源是不够的,由长江引水至华北,对华北地区和全国的农业发展具有重要意义。南水北调规划总的布局是从上、中、下游分别调水,上游从金沙江、怒江、澜沧江调水济黄;中游近期从丹江口水库调水,远期从长江干流调水济黄济淮;下游沿大运河从长江调水济黄济淮和从裕溪口、凤凰颈调水济淮。

7月1日　长办在汉口召开2000人向党献礼大会。林一山传达党的八大二次会议精神及总路线,同时号召在水利工程上进行大革命,即将在陆水蒲圻大坝开展预制装配试验。

7月28日　周恩来总理约见水利部副部长、党组书记李葆华谈三峡问题,林一山也在座。约见时,周总理将毛泽东主席等中央诸多领导对陆水工程批圈阅件,出示给林一山。

8月29日　中共中央发出《关于水利工作的指示》,指出:全国范围的较长远的水利规划,首先是以南水北调为主要目的,即江、淮、河、汉、海……各流域联系为统一的水利系统的规划,应加速制定。

8月31日　北戴河会议期间,周恩来总理主持召开了长江工作会议。国务院副总理李富春、李先念、聂荣臻及长江流域的华东、中南、西南三大区第一书记、长江流域有关省市的第一书记以及中央各部、委、院的主要负责人参加了会议。会上,林一山作了三峡工作的汇报。周恩来听取了汇报和各方面的意见之后,发表了总结讲话:长江流域规划要点报告暂不作批准,各省要提出水利计划,长办再综合进行修改报国家计划委员会转请中央批准。三峡要多做准备工作,设计方面在1958年底要提出三峡初步设计要点报告,可以以三斗坪为主进行设计,工作要抓紧,为1961年开工作好充分准备；批准兴建三峡试验坝——陆水蒲圻水利枢纽；同意丹江口水利枢纽上马，丹江口工程的器材问题，湖北与水利电力部合作解决。会上周总理提出了长江流域规划委员会组成人员名单。

8月 林一山按周恩来总理指示，第一次考察黄河、山东东平湖工程。

1958年夏 毛泽东主席在武昌东湖主持中央政治局扩大会议。会议期间，毛泽东听取林一山的汇报并提出："三峡这样大的工程，千年大计的工程，二三百年就淤死了，那太可惜了。"毛主席对三峡水库寿命的担心和重视，引起林一山对水库寿命问题的思考。从1953—1958年5年时间里，毛泽东六次召见林一山。

9月1日 汉江丹江口水利枢纽正式开工，这是根治汉江的关键工程。长办作为设计单位，派出设计代表组进驻工地，及时配合施工开展现场设计。1959年12月26日，汉江截流。1962年主体工程停工。1963年修定丹江口工程建设规模，改为分期建设。1965年复工。1973年初期工程完成。2005年9月26日后期工程正式开工，将大坝加高至最终规模。

10月14日 在林一山的主持下，长办党委作出《关于及时完成三峡枢纽设计工作的决定》（以下简称《决定》）。《决定》指出：根据周总理在北戴河会议上的指示，三峡水利枢纽暂定1961年开始兴建，有关准备工作，必须按照毛主席"积极准备，充分可靠"的指示，保证在1958年底提出要点报告，1959年第三季度提出初步设计，在开工前完成技术设计与第一期工程施工详图。成立长办三峡水利枢纽设计工作领导小组，魏廷琤为组长。

10月23日 三峡试验坝——陆水蒲圻水利枢纽工程开工。该枢纽位于长江中游支流陆水湖北蒲圻，控制流域面积3400平方公里，水库总库容7.06亿立方米，电站装机3.75万千瓦。长办负责技术设计。工程由主坝、15座副坝和南、北灌溉渠首及电站厂房、升船机等组成。主要承担着混凝土预制块安装筑坝和坝基沙基固结灌浆等加快混凝土坝施工速度的技术试验任务。枢纽具有防洪、灌溉、发电、城镇工业及生活用水、航运、养殖、水库旅游等综合效益。1961年7月停工（国家经济困难），1964年7月复工，1974年12月工程基本竣工。

11月　长办完成《三峡水利枢纽初步设计要点报告》（以下简称《报告》）。《报告》着重研究了坝址和正常蓄水位选择的问题，对南津关、三斗坪两处坝址提供综合论证全面比较的资料，提出不同正常蓄水位（比较选择了190米、195米、200米、205米四个方案）对国民经济各部门的影响。推荐选用三斗坪坝址和正常蓄水位200米方案，四川省及重庆市均表示同意。《报告》还研究了水土建筑物的设计和施工及其他有关的重大技术问题，以便在报告批准后，即可进行初步设计，并为施工准备工作打下基础。

11月　根据周恩来总理要研究工程防护的批示，军事部门开始进行工程防护研究工作。自本月开始进行了长期的、大量的工程防护试验研究，包括化爆模拟试验、核试验场内的核爆效应试验、水库水体突泄试验等，以及理论研究和防护方案的研究。

12月　丹江口工程自9月开工后，8.7万民工汇集施工现场。在过度强调精神力量、高指标、浮夸风的影响，以及专业施工队伍和机械设备缺乏的情况下，工地出现不尊重科学、不按客观规律办事等速度与质量的突出矛盾。鉴于当时施工形势，长办首先尽量从设计上采取措施，简化施工，以利于保证质量，于11月初将原拟定的混凝土双墩大头坝坝型改为结构较简单的、木模板用量较小的宽缝重力坝坝型。其次，基础开挖和处理的好坏是关系大坝安全稳定的关键问题，长办12月提出了丹江口混凝土大坝基础开挖爆破技术要求，力求控制指导基岩开挖。但速度与质量的矛盾，使得右部河床坝基在开挖时，工地有人提出用机钻深孔爆破，这样将破坏基础。长办设代组副处长文伏波急电林一山，林一山深感情况的严重，及时向周恩来总理报告。在周恩来总理直接过问质量问题后，工地引起重视，随后水电部以"禁止放大炮"通知工地尊重科学。

12月　在林一山领导下，长办编制完成《长江流域水土保持规划（草案）》，这是长江流域最早的流域性水土保持规划，遂纳入《长江流域综合利用规划要点报告》。规划以地形和土壤侵蚀强度为主要分区指标,并参考植被、土壤、气候、地质、社会经济等条件,提出了不同类型地区的水土保持措施。1961年5月26日,长办提出《长江流域水土保持规划方案概要报告》。

1958年 三峡水利枢纽设计任务提出后,林一山向参加三峡科研的华东水利学院(现河海大学)师生作报告,在国内率先提出:"对三峡水库来说,重要的是确定在一定时段内最大降雨的极限是多少?"该理论是当时国外才兴起不久的"可能最大降水(PMP)"和"可能最大洪水(PMF)"的问题。林一山同时还明确指出:水文传统的频率计算方法的主要缺陷就是没有把水文与气象结合起来。

在林一山理论的指导下,长办于当年在国内首先开展了"可能最大暴雨和可能最大洪水"的分析计算工作,填补了国内一项空白。并受水利部委托于20世纪60年代初举办了全国水文气象研讨班,在全国水利工程设计洪水计算中推动这项工作的开展。通过几十年的实践、认识,其研究的深度与广度,技术方法与理论水平已跻身于世界先进行列。

1958年 林一山提出"用光辉的诗篇讴歌伟大的长江",号召全江(长办)职工参加"千篇文章万首诗"的群众性文艺创作活动。随即,决定成立《万里长江》编辑部。《万里长江》作为向新中国成立10周年献礼的散文报告文学集,共收录37篇文章,约23万字,其内容反映长江建设的各个方面。同时,长江文艺出版社从来稿中编选了反映水文、测量、地质勘探、建设工地生活等方面约12万字的散文,汇编成散文集《建设长江的人们》。林一山为《万里长江》作序,为《建设长江的人们》题写书名。其后,中国少年儿童出版社又编写了适合少年儿童阅读的散文集《建设长江的哨兵》,这三部书先后出版。中国作家协会主办的《文艺报》发表权威专家评论文章,称:《万里长江》一书的出版,为社会主义文学增添了新鲜血液。

1958年

1959年　四十八岁

　　1月1日　林一山对《人民长江报》记者发表元旦讲话,说明党中央、毛主席、周总理对长江开发工作的关注,周总理在武昌会议以后,专门了解三峡水利枢纽研究的情况。为此,这一年要围绕三峡水利枢纽工程的研究开展工作:①三峡枢纽的试验坝陆水水利枢纽工程已开工,用混凝土预制块装配的施工方法得到国内各方面专家学者的肯定,是一种有前途的、新的施工方法,一定要把试验做好;②完成三峡初步设计;③做好三峡工程的施工准备工作。

　　1月中旬　长办完成三峡初步设计要点阶段的全部地质勘测任务。3月正式提出《三峡初步设计要点报告》(以下简称《报告》),《报告》建议采用美人沱坝区的三斗坪坝段作为进一步研究的对象。

　　1月中旬　以国务院质量检查组名义,林一山、王英先、朱国华带领中苏专家组成的检查组赴丹江口工地检查丹江口工程大坝混凝土浇筑前(工程右部河床坝基开挖处理部分已完成)的基础质量,以避免混凝土浇筑后出现质量等难以补救的问题。经专家组检查,对基础处理质量基本满意。指出,验收制度要坚持并不断完善,目前尚不存在质量问题,今后施工要保证质量与速度的统一,质量要放在很重要的位置。

　　1月19日　国家科学技术委员会批复三峡枢纽科学技术研究工作专业组成员名单,林一山为11名成员之一。

　　1—7月　根据1958年北戴河会议关于长江工作会议的精神,长办对水电部、国家计划委员会审查的《长江流域规划要点报告(讨论稿)》提出的意见和各省(直辖市)、各部门所提意见展开大量的调查、研究、补充、修改工作。从1月起，长办与交通部（北京大学地理系师生参加）组织南方13省1市500余人奔赴各地，经过6个多月的调查，提出《南方水运网规划综合报告》。4月起，长办与中国科学院西北生物土壤研究所合作，对三峡以上地区土壤侵蚀进行了大面积调查，7月提出相应成果。在此期间，长办同时提出《南水北调初步意见》、《长江流域航运规划报告》。另外，在1959年之前的3年多时间里，长办与中国科学院土壤调查队、华中农学院等单位组织了200多人的调查队，对南阳盆地、江汉平原、湘赣丘陵区18万平方公里地区的土壤进行调查，于1959年6月前后也告一段落。根据掌握的新情况、新资料，长办对《长江流域规划要点报告（讨论稿）》进行认真补充、修改，7月完成《长江流域综合利用规划要点报告》，报水电部、国家计划委员会，转呈中央。

2月 长办提出《南水北调初步意见》（以下简称《意见》）。《意见》初步提出了从长江引水的路线：①长江上游引水方案4组。从金沙江玉树引水至黄河上游支流贾沟的玉积线；从金沙江巴塘引水至黄河洮河的恶积线；从金沙江翁水河口至黄河支流祖历河的翁定线；从金沙江石鼓引水至黄河支流渭河的石渭线。②长江中游引水方案2组。自丹江口水库引汉济黄济淮方案；自三峡水库引江方案。③长江下游引水方案2组。自长江提水入巢湖方案；自长江沿京杭运河提水方案。

3月7—11日 根据水电部指示，由林一山代表水电部邀请中苏专家及有关工程技术人员7人组成丹江口工程基础验收鉴定组，对丹江口工地进行一期基坑基础鉴定验收。鉴定组在现场查勘基坑，对第9坝段至第11坝段的基础处理、第18坝段质量处理的灌浆和混凝土浇筑等问题进行了分析研究，确定了处理措施并提出许多建议。另外对通航建筑物的选线及形式也进行了讨论。最后在丹江口工程总指挥部的总结会议中，取得了一致意见，由林一山写成《丹江口工程基础验收现场会议报告》报水电部。

1959年春 在林一山的支持下，长办水文处河流研究室邀请流域内水利、交通等有关单位，详细查勘荆江河段和城陵矶至江阴河段，历时2个月。这是首次对长江中下游河道进行的全面查勘。此次广泛的调查，搜集了河道变迁、地质地貌、洲滩冲淤、堤防工程与沿江水利设施、经济状况、港口码头现状等资料,分段编写了各个河段的查勘报告并进行河段整治初步规划。9月,编制出《长江中下游干流河道整治规划要点初步报告(初稿)》,其中包括宜都至城陵矶10个河段和城陵矶至江阴21个河段的整治初步规划。1960年正式提出《长江中下游干流河道整治规划要点报告》。

5月11—19日 长办根据上级指示,在武昌主持召开《三峡水利枢纽初步设计要点报告》讨论会。参加讨论会的有中央各有关部委、沿江有关省(直辖市)、科研机构、大专院校、施工单位等66个单位188人。长办的苏联专家也参加了会议。林一山及李镇南(长办总工)、巴克塞也夫(苏联专家)在会上分别作了报告。会议就坝址选择,正常高水位选择及施工方案等进行了重点讨论,绝大多数代表认为三斗坪坝址优于南津关坝址,应选为三峡坝址。正常高水位按200米高程设计。对有争议的航道设施、施工期通航问题再另行组织讨论研究。会后,长办向水电部、国家计划委员会、国务院报送了《关于三峡水利枢纽初步设计要点报告讨论情况的报告》。

6月 以林一山、刘天明(湖北省政府副秘书长)为组长的两个质检组赴丹江口工地重点检查混凝土质量问题。认为:已浇筑混凝土的强度有很多达不到设计要求,而且均匀性差,初凝冷缝、蜂窝较多,没有温控措施,混凝土入仓温度超过允许值较多,发生裂缝的可能性存在。检查组指出了产生质量问题的原因:抢进度,机械设备少,技术工人少,主观上没有加强管理,重视质量的宣传教育不够,有重速度轻质量的偏向。7月,林一山又随水电部44人质量检查组赴丹江口工地检查,检查后提出要求:开展一次深入细致的质量检查运动,设计和施工单位的组织形式在职责分工上要明确,设计代表组要更好地发挥对工程质量的监督检查作用。

7月2日—8月16日 中央在庐山举行政治局扩大会议和八届八中全会期间,林一山向周恩来总理汇报三峡工程初步设计工作,周恩来问在场的苏联专家巴克塞也夫(专家组组长):"三峡工程设计已达到怎样的水平?"巴克塞也夫答:"现在即可做施工准备。"

7月　在林一山的亲自领导下,长办编制完成《长江流域综合利用规划要点报告》(以下简称《报告》)。以三峡水利枢纽为主体的长江流域综合利用规划共分三册14篇。《报告》将长江流域的总体开发计划按照开发任务的不同划分为五个方面的内容,即:以防洪发电为主的水利枢纽开发计划;以灌溉、水土保持为主的地区水利化计划;以防洪除涝为主的平原湖泊区综合利用计划;以航运为主的河道整治与南北运河计划;同相邻流域有关的引水计划。《报告》首次提出长江上、中、下游引水的南水北调总体布局。《报告》的提出,在相当长的时期内是长办工作的依据,也是各地重要的已建、在建、拟建工程的依据,对流域各省的水利水电工程起着重要的作用。

8月21日　林一山为将由作家出版社出版的散文报告文学集《万里长江》作序,序中写到:《万里长江》这本书,面对着一个非常值得世界关注的题材。它的内容应该是反映长江的雄伟气概和中国共产党领导人民治理开发长江的伟大精神;应该是在读完这本书的人们面前,仿佛展现出一幅气概万千的长江画卷,仿佛听到万里奔腾的社会主义脚步声,应该就是文学家们所说的时代的脉搏。序中表达了他对长江的热爱、眷恋,对党和国家的信任和支持,对战斗在万里长江上的健儿的崇敬和赞美。

8月　庐山会议期间,周恩来总理要林一山谈谈丹江口工程,林一山说:"今年元月,会同水电部一起对丹江口工程质量作了检查,认为质量不好。另外,基础也出现了破碎带。"周总理当即严肃指出:"丹江口工程破碎带一定要处理好,混凝土施工要有质量控制。这个工程还关系到长江规划实施的第一步,一定要保证质量。"1961年,丹江口工程发生裂缝问题。

9月13日　根据周恩来总理在中央庐山会议期间对林一山的指示和川黔两省的要求,林一山率长办专家及苏联专家查勘嘉陵江的合川、岷江的偏窗子、乌江上的乌江渡水利枢纽、普定水利枢纽,前后历时1个月。苏联专家对乌江渡十分发育的喀斯特地貌提出建议。长办采纳苏联专家建议并向四川、贵州两省汇报了乌江渡枢纽设计问题。是年,长办提出《乌江渡水利枢纽初步设计要点报告》。

9月27日 林一山向周恩来总理报告长江开发中出现的5个重大问题:①综合利用水资源问题。从流域规划入手综合利用水利资源是中央的治水原则,但现在单目标开发的观点相当普遍,应批评这种偏向并在设计单位和审计机构中加强教育,批准项目时要考虑是否符合综合利用水利资源的原则。②建筑物基础勘探问题。在流域规划中选定的枢纽工程,须进行详细的地质勘探,这是设计工作开始时进行的关键。水利工程建设中出了问题的,大多数是对大坝基础情况了解不清,建议对重大水利工程的设计审查,首先审查基础情况。③水文水利计算。建议利用水文气象预报进行水库调度,可兼顾安全和节约,这个方法适用于国内一切河流。④工程质量问题。对工程质量中设计与施工发生争论的重大问题,如基础开挖方法、基础处理标准、建筑物的质量要求等应有明确的规定。⑤技术革新问题。中央批准长办在陆水用新的施工方法建坝,对水利工程的技术革新有很大的推动作用,研究筑坝材料、选择坝型是方针性的重要问题。

9月29日 林一山向周恩来总理报送三峡工作的报告:①三峡工作进展情况。"成都会议"后,长办于1958年3月开始大规模开展三峡枢纽规划性设计工作,对南津关、三斗坪两处坝址同时进行勘测设计及科学研究。8月以后,根据周总理在北戴河的指示将规划性的设计改为初步设计要点,该项工作于1958年底基本完成。要点报告主要论证了有关坝址及正常高水位的一些重要问题,建议中央采用三斗坪坝址200米方案。预计1960年第一季度可完成选坝线工作,请中央考虑组织选坝委员会进行鉴定。预计1961年第一季度可完成三峡初步设计,在正式初步设计报告书完成前,拟再增加一个设计程序,即在施工准备工作的一些重大问题上,做出初步设计方案报告。包括坝轴线、建筑物形式、枢纽布置、机电及金属结构设备选择、施工基本方案、初步工程概算等。②中苏专家讨论三峡初设要点报告的意见。坝址的选择以三斗坪优于南津关;三峡枢纽综合利用的首要任务是防洪;正常高水位应按200米高程设计,死水位不低于170米。③水库泥沙淤积经初步研究计算,应有计划地修建上游水库、加强河床变化和水库淤积研究,可以解决泥沙淤积问题。④关于施工期上下游货运及三斗坪以下航道,曾研究了不断航、临时断航、铁路转运安全断航三个方案解决;三斗坪以下航道加建下一级枢纽(葛洲坝)结合进行局部河道整治最为经济合理。⑤关于三峡防空坝的作用问题,为保护三峡枢纽在可能的战争时期不发生严重事故,拟在大坝上游11公里处建防空潜坝,万一大坝失事,水埋潜坝可防止水库内90%的水骤然下泄,对减轻下游溃坝洪水的灾害有一定作用。

10月初 周恩来总理要林一山同去看看黄河。林一山说:"长江的事还顾不过来。"周总理说:"你不要只看到长江一块小的天地,黄河的泥沙问题在长江也是会遇到的,而且你还是我的顾问嘛!"于是,林一山跟随周总理先后到郑州、洛阳、三门峡、西安、兰州、包头等地考察黄河,历时半个多月。

10月12—13日 周恩来总理第二次视察三门峡工地并主持现场会。这次现场会除有中央有关部门与河南、陕西、山西等省负责人参加外,还特别邀请湖北省省长张体学和长办主任林一山参加。这次会议主要讨论三门峡工程1960年汛期拦洪蓄水和以后继续根治黄河问题。

这时,丹江口工程已经开工。周总理要张体学、林一山参加这次现场会的目的,就是要求要重视工程质量,把丹江口工程抓好。并要林一山提高对解决泥沙问题的认识。

10月13日 林一山出席由周恩来总理再次召开的三门峡工程现场会议。河南省委第一书记吴芝圃、陕西省委书记方仲如、山西省省长卫恒、湖北省省长张体学、水电部副部长李葆华、钱正英及黄河水利委员会主任王化云、石油工业部副部长李人俊、农业部副部长何基沣等参加会议。

会上讨论了三门峡枢纽1960年拦洪发电以后继续根治黄河的问题。周恩来指示根治黄河必须在依靠群众发展生产的基础上,大面积地实施全面治理与修建干支流同时并举,保卫三门峡水库,发展山丘地区的农业生产。水土流失问题,必须做到三年小步,五年大步,八年完成黄河流域省区的水土保持工程措施和其他措施,逐步控制水土流失。

10月14—23日 国家科学技术委员会三峡科研组在武汉召开三峡第二次科研会议,参加会议的有各部、委、院、高等院校和科研设计单位等153个单位501人,另有17名苏联专家。林一山在闭幕式上讲话。

此次会议总结了首次科研会议后一年来的科研工作,对三峡水利枢纽初步设计的重大关键问题进行了认真讨论,安排科研计划,组织分工协作。会后向国家科学技术委员会党组和周恩来总理等领导呈报了《长江三峡第二次科学研讨会议报告》,并附送了包括坝区工程地址、水文地址、水库调度、水库淤积等问题的《长江三峡17个重大科学技术问题简要介绍》。

12月14日 为解决三峡枢纽航运问题,林一山提出建议,交通部同意并在北京召开由交通部部长王首道主持的三峡工程航运专题会议。经过讨论,交通部代表同意兴建葛洲坝反调节水库,以解决三斗坪坝址以下一段的航运问题。还讨论了三峡货运量、重庆港淤积等问题。对于施工期间通航问题,采取不断航或基本不断航的方案,断航天数最多不应超过一个月左右。并认为最近提出的临时与永久通航相结合的方案较好,先修建尺寸较小的船闸,以适应施工期间通航船队及将来的小船队、单船等的过坝需要。

12月26日 10时至13时10分,历时3小时10分钟,丹江口工程完成截流任务。国务院副总理李先念参加了截流合龙大会并代表中共中央和国务院在会上讲话。湖北省省长张体学、长办主任林一山在合龙大会上分别讲话。合龙时流量为290立方米每秒,龙口宽23米,龙口最大落差2.84米,最大流速6.88米每秒。截流时83辆汽车投入了施工,平均每小时抛投强度为327.6立方米。

1960年　四十九岁

1月5日　林一山和长办苏联专家组组长巴克塞也夫及有关专家视察陆水蒲圻水利枢纽工地基础开挖和围堰、导流等工程。

2月8日　林一山陪同我国著名地质和地貌专家谷德振、沈玉昌、贾福海、胡海涛等赴陆水蒲圻水利枢纽工地视察,当晚召开地质鉴定会议,认为陆水蒲圻水利枢纽河床基岩完整,有利施工。

3月1日　林一山陪同国家副主席董必武视察陆水蒲圻水利枢纽工地。董必武对开展研究预制混凝块安装大坝的新施工方法极为关注,并指出将来三峡一定要有高度的机械化施工。

3月18日　林一山按照周恩来总理1958年提出的,为三峡工程培养技术力量,要长办建立一所大学的指示,创办长江工程大学,并兼任校长。这所大学以机关与学校统一,教学与生产相结合的方针,通过有关省(直辖市)教育部门招收新生。

4月23日,长江工程大学开课大会在长江俱乐部礼堂隆重举行,校长林一山作了重要讲话。

该校于1972年(文革时期)停办,共毕业各类水利、水电学生500余人,全部由国家统一分配(大部分分配给长办)。在三峡工程建设期间,共有长江工程大学毕业生108人(包括长江委和外单位)直接参与,占长江工大毕业生总数的1/4。

3月26日—4月7日　水电部组织在我国水电系统工作的苏联专家18人与国内专家100余人查勘三峡现场,研究选择坝线。长办推荐选用三斗坪坝线得到多数专家同意,但个别苏联专家坚持主张选用在上坝线下游约

1公里的中坝线，并建议在上、中坝线各打一条过河平洞，以查明两条坝线河床部分的地质条件，然后再选定坝线。5月，长办在汉口召开了有39个单位参加的三峡施工方案及施工准备工作计划讨论会，讨论长办提交的《三峡水利枢纽施工准备工作计划》。

5月16—19日 国家主席刘少奇在林一山的陪同下，从重庆乘"江峡"轮顺江东下，查勘长江与三峡并听取了林一山的汇报。刘少奇说："防洪、发电、航运、引水都以三峡为中心，这是从三峡看全国，从三峡看全世界啊！""水运的充分利用是一个很重要的问题，将来修建三峡工程不仅要把湘江、沅水、赣江等水纳入统一规划，还要使珠江、淮河、黄河等水系与长江水系组成一个完整的水运网。"当刘少奇问及长江洪水有多大时，林一山汇报了1560年、1788年、1870年等特大洪水调查情况。刘少奇称赞说："你们用唯物的方法论证洪水，这个办法好。已经查到400多年前的资料，这该是我们最珍贵的水文资料了，证明你们工作是很有成绩的。"船行驶至三斗坪，林一山向刘少奇主席介绍了三斗坪坝址的地质情况。

上半年 在陆水蒲圻水利枢纽预制混凝土块安装筑坝试验中，为解决水平缝的胶结问题，林一山提出倒漏斗块形，以斜缝代替大部分水平缝。因长方形块体已预制数千块，不能丢弃，为此，长江水利水电科学研究院组织力量到现场研究，从一些未作振捣的试件中发现水气泡很少。根据这一启示，采用以下措施解决了水平缝的胶结工艺，即对水平缝胶结采用块体自重的静压力压实水泥沙浆，块体底面涂纯水泥浆，并在施工程序上选用先胶结水平缝后再进行垂直缝施工的连续流水作业。

8月 中共中央第二次北戴河会议期间，周恩来总理再次主持召开长江工作会议。由于国家暂时经济困难和国际形势的影响，中央决定放缓三峡建设步伐，但兴建三峡工程"雄心不变"，并要求继续"加强科研，加强人防"工作。会上，林一山汇报了有关三峡大坝防护研究，提出在长江三峡河段最狭窄的石牌河段修建大体积堆石坝，将其他主要建筑物设在地下，以提高防护能力的设想。这个设想方案，在会上被认为有研究价值。会后，长办进行了该方案的设计研究。

8月　中苏两国政府关系恶化，在长办工作的苏联专家奉召回国。自1955年6月起，按照中苏技术援助合同，中国政府先后共聘请了55位苏联专家在长办工作。此外，还短期聘请140多位苏联航测人员。在长办工作的5年多时间里，苏联专家表现出了积极热情、勤劳肯干和忘我的国际主义精神。专家们以丰富的经验、精湛的技术，及时具体地指导、帮助进行了长江流域规划工作以及重要枢纽的设计和施工，还帮助培养了各种专业干部1300余名，建立健全了16个专业。

8月　时值国家经济困难时期，全国编制精简。林一山自感责任重大，遂向中央提出：长办技术力量成长不易，分解这支专业齐全、人才济济、合作很好的队伍，就是动摇了长办的根本——治江大事，长办可以兴办农场保存干部和技术人员。经周恩来总理支持，长办兴办了武汉东西湖农场、嘉鱼农场、洪湖农场、沙洋农场，维持长办机构的运转。在国民经济恢复后，下放农场的技术人员绝大部分调回长办，他们中的大部分人员后来参加了葛洲坝工程的建设。在"文化大革命"时期，长办又面临要把上万人裁减为几百人的处境，周恩来总理明确表示：长办不能散。在周总理的制止和保护下，在林一山的爱护和坚持下，长办的技术力量保存了下来。

截至2008年底，长江水利委员会有职工19028人，其中，专业技术人才7855人，技能人才8783人，高级专家311人（含中国工程院院士2人、勘测设计大师7人）。

9月12日　国家科学技术委员会三峡组发出《三峡第三次科研会议通知》（以下简称《通知》）。《通知》称：今年不开大会，以各大组分别召开小型专业会议或汇报座谈为主。各大组于9—12月分别在武汉、长沙、北京召开会议，根据"雄心不变"、"加强科研，加强人防"的精神，制定1961—1962年科研计划。

9月　长办提出《长江中下游干流河道整治规划要点报告》（以下简称《报告》）。《报告》阐述了长江中下游河道整治的主要任务是根据沿江各有关国民经济部门近期和远景发展的需要，配合三峡及主要支流水库群的调节作用，因势利导，改变河道演变不利因素，从而进一步利用长江的丰富资源,为防洪、航运方面及其他方面服务。在防洪方面,保坝护岸,稳定河槽,裁弯取直,扩大泄量;在航运方面,整治浅滩,维护港埠;在其他方面,通过控制主流,使其有利于两岸灌溉、排水、工矿业生产和穿江运河等。根据各河段演变的特点及存在的问题,提出了崩岸治理、弯道与汊道整治、航道整治及港埠维护等整治方案和工程措施。

12月 长办编制完成《金沙江流域规划意见书》(以下简称《意见书》)。《意见书》是在流域内有关省、地质部、交通部及中国科学院等单位密切配合下,在进行了大量调查、查勘、研究分析的基础上完成的。金沙江流经高原或峡谷地带,水力资源和矿藏资源占非常重要的地位,其开发任务是修建大库容水库,合理分担全江的防洪任务,开发丰富的水力资源和改善航运。规划范围从干流石鼓至宜宾1326公里河段,对流域的发电、防洪、航运、灌溉、水土保持、向相邻流域引水和主要支流的开发提出了意见和建议,对干流上曾查勘过的坝区地质基本情况进行分析总结。从流域的开发任务和综合利用的原则出发,对已往提出的梯级开发方案经过研究,调整为八级:虎跳峡—洪门口—皮厂—半边街—乌东德—白鹤滩—溪洛渡—向家坝。

1960—1961年 丹江口工程进入第二期施工,工地党委提出"大反右倾,大鼓干劲,大挖潜力,掀起一个以大坝为中心的施工高潮",将全年混凝土浇筑指标定为160万立方米。为了完成这一高指标,整个施工建设放松了机械化施工的沙石、拌和、制冷系统等施工手段,仍采用手推车、皮带机等浇筑。另外,为了改善混凝土和易性,减少渗水并节约水泥,在水泥中采用现场掺和烧黏土措施。1961年,为了更节约水泥,加大了烧黏土掺量,并将混凝土已属偏低的设计标号由90天改为180天后期强度,浇筑混凝土平仓振捣质量一直没有改善。致使1960年、1961年浇筑的混凝土架空、冷缝、裂缝等事故超过了一期施工的混凝土。

1961年 五十岁

1月11日　周恩来总理与张体学、林一山谈长江水利问题。

2月23—25日　林一山参加了国家科学技术委员会三峡组在北京香山召开的扩大会议。参加会议的有三峡科研组成员、各大组及部分分组负责人共37人。会议根据中央"调整、巩固、充实、提高"的方针,贯彻周恩来总理"雄心不变,加强科研,加强人防"的指示,搞好三峡科研工作。林一山在会上作了关于1960年设计工作进展情况及今后对科研工作要求的报告和各大组一年来科研工作情况汇报。会议确定了1961—1962年三峡科研计划。

1961—1969年　中央调整三峡建设步伐后,这期间前期工作仍在继续,相继开展了三斗坪、石牌、太平溪等三峡工程坝轴线比较和三峡工程分期建设,以及水库淤积、工程防护等专题研究。

1962 年　五十一岁

  1月11日　丹江口工程施工违反设计要求的混凝土温度控制规定,初期浇筑的 100 万立方米的混凝土坝体出现了大量裂缝。林一山针对混凝土浇筑质量问题,直接向周恩来总理写信汇报了此事,提出《关于丹江口工程混凝土质量事故的报告》。建议:停止混凝土浇筑,使已浇筑的混凝土冷却稳定;采用各种检测手段查明质量事故,集中力量处理好事故;邀请全国有关专家进行讨论,然后进行补强设计,消除隐患,保证工程质量;采用边浇筑边处理的施工办法,将使事故处理工作受到严重干扰;处理不迅速,后果不堪设想。18日,大坝停止浇筑混凝土。

  2月8日　周恩来总理非常重视丹江口工程出现的质量问题,在中共中央召开的 7000 人大会闭幕的次日(2月8日),在北京总理办公室召开了丹江口工程质量处理会议。出席会议的有副总理李先念、邓子恢、谭震林,国家计划委员会、水电部领导、工程建设部门的张体学(湖北省省长)、任士舜等,长办林一山、文伏波。会议由林一山汇报了三个问题:①丹江口工程的设计方案和施工中的工程质量事故;②改善施工队伍的工作作风,教育职工重视质量,完善机械化施工的配套设施及施工人员的训练工作;③拟定事故处理设计方案和目前对质量事故处理的方案。会上,周恩来总理明确提出工程暂停施工,要求长办负责设计,施工服从设计,设计监督施工的原则,首次明确了设计在工程建设中的主导地位。

  2月12—15日　长办党委召开扩大会议,林一山传达周恩来总理对丹江口工程质量处理的指示,然后围绕着改进设计、加强设计与施工的团结、通力合作搞好丹江口工程建设等问题进行了讨论。

  2月16日　水电部向中共中央呈报《关于丹江口工程大坝质量处理与

施工安排的报告》(以下简称《报告》)。《报告》指出了发生质量事故的主要原因,提出了大坝质量处理与施工安排的意见,基本同意林一山提出的意见。

3月6日 中共中央发文批示,同意水电部2月16日呈报的《关于丹江口工程大坝质量处理与施工安排的报告》,望即执行。丹江口工程正式停止浇筑大块混凝土,从而进入小施工大准备、质量事故调查研究、补强处理阶段。随后,长办成立了质量补强处理组,开展事故调查和补强方案研究。1963年4月,长办提出《丹江口水利枢纽混凝土大坝补强轮廓方案报告》。1964年6月,长办提出《19~33号坝段原防渗板技术设计报告》。12月16日,恢复大坝混凝土浇筑,大坝进入全面施工。两报告先后经水电部审查批准。至1965年,丹江口工程大坝混凝土补强基本完毕。

7月11—27日 长江中游防汛指挥部成立,宗旨是加强长江中游各省(直辖市)防汛的统一领导,办公地点设在长办。总指挥长王任重(湖北省委第一书记)、副总指挥长张平化(湖南省委第一书记)、张体学(湖北省省长)、林一山(长办主任)。

11日18时,荆江出现洪峰。12日2时,石首水位39.85米。湖北省副省长夏世厚和长办主任林一山亲赴沙市视察防汛。27日,长办召开荆江防洪紧急措施方案座谈会,湘、鄂水利厅厅长刘喜、陈泽荣参加了会议,林一山主持会议。会议主要讨论两个问题:①荆江区1962年临时度汛方案;②荆江区今后防汛措施方案。8月14日,林一山致函王任重、张平化、张体学,将27日召开的湘鄂两省代表讨论荆江今年临时度汛措施及今后防止较大洪水、特大洪水的措施方案进行通报,并将会议讨论的意见转告两省省委作出最后决定。

1969年6月20日,长江中游防汛总指挥部更名为长江中下游防汛总指挥部。1996年,更名为长江防汛总指挥部。2007年,更名为长江防汛抗旱总指挥部。

12月 国家科学技术委员会三峡组在北京召开扩大会议,研究讨论长办提出的《1963—1972年长江三峡水利枢纽科研规划纲要(草案)》(以下简称《规划》)并将三峡科研工作列为国家主要课题之一。主要研究课题有:论

1962年

证三峡水利枢纽投入运行的时间与国民经济发展的关系；水库淹没与移民方案；航运规划及施工期货运问题；工程与水文地质；三峡新构造运动和地震活动性的研究、水库淤积及下游河道演变；大规模定向爆破；筑坝设计理论及施工技术；大直径水工隧洞及巨型地下建筑物；堆石坝及防渗措施和快速施工方法；三峡动力系统规划；巨型新型水轮发电机组；超高压成套电器设备；升船机等项目的研究。

《规划》还从经济、地质、施工、动力、机械五个方面提出了需要较长时间研究的重大技术专题，并提出建立三峡、陆水两个试验基地，以开展科研工作。

1963 年 五十二岁

3月 长办提出《荆江地区防洪规划补充研究报告》(以下简称《报告》),把荆江区现有 25 年一遇洪水的防洪能力提高到 100 年一遇。《报告》分送水电部和湘鄂两省。6月,由中南局计委召集两省负责人进行讨论,鄂方同意,湘方反对。8月8日,林一山就荆江防洪问题及争论焦点上报中央、国务院,并致函中南局、湘鄂省委。10月6—14日,水电部在北京召开荆江防洪规划会议,就两省有争议的问题再次讨论。最后,水电部对长办所提荆江防洪规划提出审查意见:在规划未正式定案前,由长办对规划作进一步补充,并确定浣市扩大分洪区修一道隔堤作为紧急措施方案,并将审查意见报周恩来总理,李先念、谭震林副总理。12月1日,扩大荆江分洪区浣市隔堤工程开工。 ·63·

4月5日 丹江口工程自开工(1958 年 9 月 1 日)到 1961 年 7 月,鄂豫两省移民 3.5545 万,占总移民数的 8.4%。因缺乏统一领导,缺少移民安置规划而存在不少问题。鉴此,长办提出"关于加强领导丹江口水库移民安置工作的建议",送中南局、鄂豫两省人民政府,请地方各级恢复和成立移民委员会,制定切实可行的移民规划,拟定库区移民线以正常高水位加 1 米(风浪加高)为准。同年 7 月 15 日中南局同意长办建议。

7月 三峡工程坝址的研究由石牌转向以研究太平溪坝址为重点。

8月9日 遵照国务院指示,长办完成《汉江丹江口水利枢纽整体工程修正设计任务书》并上报水电部。12月16日,水电部以《关于丹江口水利枢纽整体工程修正设计任务书的审查报告》(以下简称《报告》)报国务院审批。《报告》内容:①同意丹江口水利枢纽考虑综合利用,但近期开发的顺序首先是防洪,其次是发电,然后是引汉灌溉和航运;引汉济黄济淮作为远景考虑。②最终建设规模,同意正常蓄水位 170 米,死水位 150 米,不排斥将来正

1963 年

常蓄水位抬高到175米的可能。③分期兴建方案,讨论中未取得一致意见,提出两个方案请国务院决定:第一方案,先按正常蓄水位155米建设,以后接着施工,到1972年达到正常蓄水位170米最终规模。第二方案,先按正常蓄水位160米(长办推荐155米,初期规模)建设,以后视情况或暂停一个时期或继续加高。④初期运用水位,同意采用155米。

由于国民经济调整,国家计划委员会认为所提初期规模仍然很大、收效较慢。工程面临停建、缓建问题,为此,长办在研究分期建设方案的基础上,于1964年10月提出缩小建设规模的三个方案:暂时停工方案、单纯防洪方案、防洪结合发电方案。推荐防洪结合发电方案(初期蓄水位140米,投资约3亿元)。该方案由水电部报送国家计划委员会审批。1964年12月7日,国务院批复水电部:"关于汉江丹江口水库今后的续建规模,同意按照防洪结合发电的方案进行设计。"1966年6月23日,国务院正式批准丹江口初期规模采用坝顶高程162米,正常蓄水位155米,开始运用时按坝前水位145米移民、蓄水方案。

9月2日 林一山为《水电科学技术工作总结》一书作序,题为《总结工作经验,提高理论认识》。文章结合新中国成立后10多年来水利水电建设的经验和长江建设的情况,就加强技术理论工作,提高干部的技术业务水平,从而提高工作质量与进度作了论述。提出要加强技术理论学习,不断总结工作经验;要提高认识,改进作风,加强干部自我教育的自觉性,安排好工作学习与教育工作的统一计划,建立起一支专业过硬的技术队伍,为国家建设而努力。

10月15日 林一山、魏廷铮、张行彬一行到山东考察黄河。山东黄河河务局汇报了对东阿县境内的位山枢纽工程改建的意见,声明山东省不同意黄河水利委员会提出的位山枢纽工程破除拦河土坝,恢复原河道泄洪的改建方案,并请林一山向国务院领导反映。林一山回北京后立即给周恩来总理写信,提出同意山东省的建新泄洪闸的方案。后经水电部多次组织审查并根据周恩来总理和李富春、谭震林副总理的指示,提出审查意见。国务院1963年10月21日作了批复:"同意破坝方案,可于今年10月施工。增建进湖闸问题,俟将来需要,再进行研究确定。"

周总理根据林一山对位山破坝反映意见,又召集水电部、黄河水利委员会、河南、山东等省的负责人和林一山到北京开会,经过讨论,周总理最后确定仍按破坝方案执行。1963年12月6日炸开拦河坝,恢复黄河原河道。1965年林一山又指派长办的设计人员到现场,在位山工程局配合下,提出了修建新拦河闸的规划报告。

10月29日　周恩来总理与林一山谈三门峡低水头发电试验等问题。

11月5日　林一山出席由周恩来总理召开的山东黄河位山工程改建问题决策会议。会上,他针对河南省水利厅负责人所言"黄河泥沙不解决,不能引黄灌溉,再过几年就无地方沉沙了",简述了自己对在黄河下游两岸引黄种稻,放淤改土的想法,第一次在周总理面前陈述对治黄的想法。

1963 年

1964 年　五十三岁

4月3日　林一山向周恩来总理呈报关于三峡枢纽分期开发方案和勘测设计工作的请示报告。第一期水库蓄水位 115 米，提前发电；第二期将大坝加高到 162 米高程，正常高水位 150 米，主要承担防洪、发电；第三期正常高水位抬高至 200 米的最终规模。建议仍本着"积极准备，充分可靠"的方针，在 1965—1966 年完成分期开发方案的初步设计，1967—1969 年完成总体技术设计，1969—1970 年完成施工准备工作，1971—1973 年正式开工，1976—1977 年电站开始发电，1977—1980 年第一期工程完成，以后可根据需要逐步提高水库蓄水位。

4月7日　林一山撰写了《关于水库长期使用的初步探索》一文。20 世纪 60 年代初，黄河三门峡水库蓄水运用后，库区严重淤积。为此，毛泽东主席、周恩来总理非常关心三峡水库的寿命问题。对此，林一山带领技术人员到内蒙古、西北、东北、华北各地考察了十几条多泥沙河流的水库淤积情况，通过勘察调研后，林一山写出调查报告，认为：根据水库淤积规律和天然河流水沙年内分布特点，采用适当的水库调度措施，主要是汛期降低坝前水位，泄洪排沙，汛后蓄水"蓄清排浑"运行方式，可以使水库长期保留一定的有效库容，而达到水库长期使用。9月，林一山向周恩来总理作了汇报，周总理审阅了报告后转呈毛泽东主席。

林一山"水库长期使用"新理念，在三门峡水库改造、葛洲坝工程、三峡工程中得到验证。在此基础上，近几年来，经过泥沙问题的补充研究，包括数学模型计算和泥沙模型试验，这一理念已十分完善和成熟，并已为一些工程所采用。

5月23日　林一山参加了在河南南阳召开的白桐灌区规划设计讨论会。会议决定：白桐灌区规划设计近期与远景相结合，先慢后快，经过试验，逐步扩大。近期先进行试验灌区的规划设计,试验灌区分为四块:南阳、新野、唐河、方城。鉴此,长办在年内完成《白桐灌区试验灌区设计报告》,对试验灌区的灌排渠系布置与建筑设计以及土地调整、道路、绿化、灌排试验、工程管理、农业经营等方面均进行了规划。1965年春,鸭河口水库灌区完成了白桐试验灌区的修建,并在当年的抗旱排涝中发挥了显著的效益。在试验灌区内共进行了2000多亩的旱改水试验,获得良好成绩,为南阳地区大力修建配套工程,推广旱改水起到很好的示范作用。

6月24—29日　作为三峡试验坝,陆水工程正处在紧张的施工阶段。24日,林一山(长江中下游防汛总指挥部副指挥长)从当天的气象图上分析后指出:由于西风带停留在中国东北部所形成的低压槽正在迅速东移,副热带高压也在向北挺进,在南岭的雨带最迟在第二天来临,陆水流域将会出现暴雨。24—29日,陆水流域普降大雨,出现仅次于1954年的又一次特大洪水,洪峰最大入库流量5600立方米每秒,相应水位49.25米。25日,林一山根据对本流域当前气象形势和水情的判断,作出指示:"顶住洪峰,全力以赴,确保上游围堰。"26日,整个工地打响了加固上游围堰的战斗。此次洪峰历时12天,总水量10.7亿立方米,占年平均径流量的37%。经工地全体职工努力,战胜了这次洪峰,确保了陆水工程已建成的部分建筑物,确保了京广线的安全,确保了下游群众生命财产的安全。

11月21日　林一山在长办设计革命运动动员大会上作了题为《为争取设计革命运动的胜利而斗争》的报告。首先传达了毛泽东主席对设计革命运动的指示,毛主席说:"要发动全国所有的设计院,都投入到群众性的设计革命运动中去,充分讨论,畅所欲言,在3个月内做出成绩来。"林一山讲了四个方面的内容:①走群众路线,贯彻"双百"(百花齐放、百家争鸣)方针,规划设计项目要有工作大纲,目标明确,中心突出,便于自下而上和自上而下地组织讨论;②各级领导在工作上要有中心、有重点,避免事务主义;在思想上要克服机械论和不可知论;对勘测、设计、科研、规划等各项工作要从主要方面考虑问题,采用概算、框算、结合必要的计算,抓住主要矛盾;③不犯教条主义错误,不受条条框框限制,要实事求是;④设计革命必须充分发动群众,充分讨论,畅所欲言。

12月5日　周恩来总理在北京主持全国性的治黄专家会议，出席会议的有中央有关部委、黄河沿线各省领导、水电部领导、专家学者共100余人，林一山也参加了会议。会上，林一山对三门峡泥沙淤积问题和黄河治理问题发表意见，提出：根据水库可以长期使用的理念，降低三门峡水库水位，以恢复潼关河段原黄河河床，即可解除对关中平原的威胁。同时，打开大坝底孔排沙，使水库泥沙进出平衡，将改造后的三门峡水库变成一个中型水电站。黄河的问题首先是个认识问题，不能把河水泛滥、泥沙太多视为难以治理的原因，从而把黄河称为害河。应当将黄河的泥沙和洪水看成是一种财富，加以充分利用。黄河是一条宝河，对黄河的治理，可先用200亩地搞"放淤稻改"的试验。周总理很支持林一山的方案，当即决定："现在大家同意了这个办法，就这么办，再不能动摇了。"

三门峡工程在改建中增加了排沙的功能，把一个即将淤死的水库救活了，至今还在运行。

林一山通过农业措施制定治黄方案：在三门峡以上的大西北干旱地区引水把黄河的水喝光，把沙吃光。1965年初，林一山带领一批技术人员赴山东、河南沿黄地区，指导当地政府和人民推广淤沙肥田，稻麦两熟的"放淤稻改"措施，使黄河"放淤稻改"在黄河两岸迅速展开，当年的秋季就获得丰收。

12月7日　国务院批准丹江口工程复工。在1962年2月—1964年12月期间，丹江口工程的建设一直处于上马还是下马的争议中，林一山深感丹江口工程对国家的重要，对长办的重要，坚持建设的观念不变，据理力争。在周恩来总理的支持和干预下，丹江口工程复工。复工后的工程基本上按长办的原有设计继续建设，直到1968年10月第一台水轮发电机组发电。1973年底建成初期工程，坝顶高程162米，正常蓄水位157米，总库容209.7亿立方米。

建成后的丹江口水利枢纽是新中国成立初期我国自行勘测、设计、施工，具有防洪、发电、灌溉、航运、养殖等综合效益的第一座大型水利枢纽，它被周总理誉为"五利俱全"的水利工程，在新中国水利水电工程建设史上具有重大的历史意义和战略意义。丹江口水利枢纽是治理开发汉江、根治汉江水患的关键性控制工程，是为葛洲坝、三峡等大型水利工程建设积累经验、锻炼队伍的"摇篮"工程，是南水北调的水源工程。

12 月　周恩来总理在北京主持召开治黄会议，林一山应邀参加，并在会上提出了"关于黄河规划问题的意见"，6 日，林一山在会上作了"关于近期治黄工程的意见"的发言。

这次治黄会议开了半个月，气氛之活跃，争论之广泛，思想之解放，是中国治河史上不可多见的。

12 月—1965 年 2 月　长办又组织一次对虎跳峡河段的查勘（曾于 1957 年查勘），编写了《虎跳峡电站查勘报告》和《虎跳峡河段开发意见》。

1965年 五十四岁

1月6日 周恩来总理听取林一山等关于三峡工程研究情况的汇报。

2月9日 丹江口大坝基岩鉴定委员会成立,林一山担任丹江口大坝基岩鉴定委员会主任,副主任由任士舜担任。长办将由本办和丹江口工程局共同组成的"丹江口大坝基岩鉴定委员会"领导成员名单上报水电部审核。

3月 水电部从黄河水利委员会、长办、水利水电科学研究院、武汉水利电力学院等单位抽调一批技术骨干,成立治黄规划领导小组,其主要任务是调查研究、总结经验,提出切合实际的黄河治理方案。

治黄规划领导小组的领导工作由钱正英、张含英、林一山、王化云负责。长办的王源、王咸成担任规划小组专家。

随后,林一山带领长办规划人员在黄河下游河南、山东两省黄河两岸开始调查研究、宣传发动和选择试点,以期从大搞放淤稻改上寻找一条治理黄河的新出路。

长办人员在山东东明、梁山,河南原阳、封丘等地进行引黄放淤稻改试验,还专门在山东东明、梁山陈垓引黄闸搞远距离输沙试验。7月6日,林一山在半年时间调查研究的基础上,编写了《黄河下游规划意见提案》(以下简称《提案》)。《提案》称:为了充分利用宝贵的黄河水利资源,改变华北平原的农业面貌,由低产达到高产水平,必须以下游为中心重新制定黄河规划方案,研究一套实现这一规划方案的有效措施,提出分期执行的具体计划,完成一系列符合当地情况的工程设计,并在坚持各项科研观测工作的过程中,不断进行修整补充工作,使规划方案逐步完善起来。

3—4月 林一山带队查勘虎跳峡河段及附近地区。5月提出《金沙江虎跳峡河段查勘报告提纲》;6月进入虎跳峡开始规划设计阶段的地质勘察;9

月,长办提出《金沙江虎跳峡河段开发研究简要说明》,推荐虎跳峡低堤顺江引水作为近期开发工程。至1966年4月,长办完成虎跳峡坝区的地形测量、地质勘探和科研工作。在此基础上,1966年5月长办提出《金沙江虎跳峡顺江引水电站工程第一阶段的设计报告》。

5月17—28日　长办在武汉召开会议,就《荆江地区防洪补充规划报告》中有关荆北放淤和下荆江裁弯取直工程进行讨论。参加会议的有水电部及湘、鄂、长航、长办等省、部门代表。会议对荆北放淤方案未达成一致意见,仅议定先选点进行放淤试验再视试验情况而定。

早在1951年林一山在《两年来治江研究工作的发展》一文中就提出了"荆北放淤"措施。1964年底,长办在《荆江地区防洪补充规划报告》里遂向水电部正式提出荆北放淤计划,同时还有下荆江裁弯计划。1968年10月,长办提出《荆北放淤试验情况报告》。1971年11月—1972年1月,水电部在北京召开长江沿线8省(直辖市)参加的长江中下游规划座谈会,会议拟定1972年冬荆北放淤工程开工。1972年3月,成立了以长办为主的荆北放淤规划小组。年底,长办完成荆北放淤规划的编制。1974年5—6月,水电部根据李先念副总理的指示在北京召开荆北放淤工程审查会。由于各方意见不统一,又值"文化大革命"时期,荆北放淤未能列入国家计划而终止。

对下荆江裁弯取直方案,多数代表表示赞同,认为是治理荆江的根本措施之一。1966年10月,中洲子裁弯开工,1967年5月22日竣工。1968年12月,上车湾裁弯工程开工,1969年6月26日竣工。

1965年初　国家决定加强"三线"建设,要求加快西南水电建设步伐并成立了西南电力指挥部。中央长远规划小组组长余秋里考察贵阳,林一山向余秋里汇报了乌江渡工程情况。余秋里表示,乌江渡是个好点子,经济指标较好,淹没不大,三材用量也不大,应争取早日上马。国家基本建设委员会主任谷牧、副主任宋养初也听取了汇报。早在1952—1957年,长办在乌江干流进行多次查勘选点,共选出乌江渡、构皮滩、洪渡、武隆等水利枢纽,这些枢纽在规划中被列为开发乌江干流的重点工程和首先开发的对象。1957年10月,长办联合地质部、贵州省等单位组成综合查勘队,对乌江干流乌江渡至涪陵段进行复勘。1958年初,提出《乌江复勘报告》,选定乌江渡为一期工程。1958年后，长办正式承担了乌江渡水利枢纽的勘测、设计、试验研究工作，相继提出了《乌江渡水利枢纽设计任务书（初稿）》《乌江流域综合利用规划要点报告》《乌江渡水利枢纽初步设计要点报告》《乌江渡水利枢纽初步设计要点补充报告》等，提出乌江渡、构皮滩、洪渡、武隆为四级开发，乌江渡为第一期工程。1961年，国民经济重新调整，乌江渡工程列为缓建项目，水电部要求长办研究分期开发方案。1962—1964年，长办开始进行乌江渡枢纽分期开发方案研究。于1964年提出了《乌江渡水利枢纽分期开发初步意见书》。1965年，长办完成初设报告。1966年，长办完成乌江渡初设补充报告。1970年，乌江渡水利枢纽正式开工。1983年，乌江渡工程竣工，总装机容量63万千瓦。

8月—1966年12月底　在林一山的亲自指挥和参与下，长办多次组织对西南水电选点查勘。由于《长江流域综合利用规划要点报告》所列水利水电枢纽多属大型骨干工程，近期内难以完成。为满足电力需求，决定选择一批规模小、投资少、见效快的水电站坝址为国家决策提供参考。为此，长办先后查勘了雅砻江支流理塘河，金沙江支流水落河、黑白水河和漾弓江，赤水河，乌江支流芙蓉江，嘉陵江支流渠河，提出了几处开发条件较好的水电站坝址。

1966年　五十五岁

3月9日　林一山向毛泽东主席呈送《关于长江三峡工程设计问题的报告》(以下简称《报告》)。《报告》提出:在周恩来总理的亲自指导下,按照主席指示的"积极准备,充分可靠"和"有利无弊"的方针,着重研究了建筑物防护、水库淤积和分期建设等三个问题,进一步认识了分期建设更符合"有利无弊"的方针,大大增加了近期建设的可能性。从国家经济建设情况看,三峡工程宜早不宜晚,建议中央将三峡工程列为第三、第四两个五年计划期间的建设项目,争取1968年开始施工准备,1969年正式开工,1975年汛前开始发电。

6月23日　国务院批复水电部"关于丹江口水利枢纽建设规模问题"。具体批示:关于丹江口水利枢纽的建设规模问题,同意将大坝在原方案的基础上抬高10米,即按坝顶162米施工,正常蓄水位155米,开始运用时仍按坝前水位145米移民蓄水。请据此进行设计,安排施工。鉴此,正式确定了丹江口水利枢纽停工后的续建规模(即初期工程规模)。

1966年　"文化大革命"开始。10年的文化大革命使得各部门处于瘫痪和半瘫痪状况。作为"当权派"的林一山被剥夺了工作和自由的权利。关押、揪斗、拷打、劳动改造考验着这位经历过枪林弹雨的高级干部。林一山说:"我一生不知已经历过多少危险关头,这点痛苦还不至于使我悲观和轻生。"

1970年3月10日,在周恩来总理关心下,军宣队宣布解放林一山。中旬,接国务院通知赴京出席全国计划会议。林一山在1970—1972年间虽然恢复了长办的工作,又成了葛洲坝工程副指挥长,但由于当时的政治形势,林一山仍无话语权。1972年底,葛洲坝工程出现严重质量事故,在周恩来总理亲自主持下,决定暂停施工,修改设计。这时林一山患了眼癌住院手术。周恩来总理决定成立国务院葛洲坝工程技术委员会,并指定林一山为负责人。林一山"临危受命",承担起国务院葛洲坝工程技术委员会的重任,负责修改设计,在他的组织领导下,主要依靠长办这支技术力量,历经艰辛,排除万难,终于把这项濒临失败的工程建成为享誉世界的优质工程,并为三峡工程作了实战准备,从而奠定了他作为当代水利事业家的坚实基础。

1970年　五十九岁

4月　林一山在出席国家计划会议期间,受到周恩来总理接见,林一山提出,在等待总理访朝回国后再汇报的期间,拟到苏北和淮北地区了解农田水利情况。得到周总理同意后,5月间在长办规划处王述奎、吕顶产和秘书李敬吾陪同下前往南京,由江苏省经委和水利厅派员陪同,在洪泽湖地区、宿迁、徐州及苏南的江阴、苏州等地对农田水利、盐碱地如何高产问题进行调研。

后又去皖北,在安徽省有关同志陪同下,去淠史杭灌区、梅山水库、亳州、蒙城等地考察水利灌溉情况。

5月　林一山在规划处王述奎、黄宣伟和秘书李敬吾陪同下,赴河南许昌为南水北调工程调研该地区地下水储量情况。

10月30日　武汉军区、湖北省革命委员会向中共中央呈报《关于兴建宜昌长江葛洲坝水利枢纽工程的请示报告》(以下简称《报告》)。该《报告》提出的工程规模为:建低坝,坝高为海拔69米,淹没耕地8600亩,移民13000人,水电站装机容量204万千瓦,年发电量120亿千瓦·时,造价约13.5亿元,力争3年半发电,5年左右竣工。《报告》提出,兴建葛洲坝水利枢纽工程,是为建设三峡高坝积累初步经验,还可改善南津关以上100~180公里的航道条件。水电站发电后,与丹江口工程、湘西电站构成一个电网,可以解决湘西、鄂西、豫西、川东三线建设和工农业近期用电。

12月25日,中共中央以中发〔1970〕78号文《关于兴建宜昌长江葛洲坝水利枢纽工程的批复》下达给武汉军区、湖北省革命委员会。批复称:"中央同意你们关于兴建宜昌长江葛洲坝水利枢纽工程的报告。修建葛洲坝水利枢纽,是有计划、有步骤地实现伟大领袖毛泽东主席'高峡出平湖'伟大理想的实践准备,一定要'精心设计、精心施工',妥善解决各项技术问题。责成武汉军区、湖北省革命委员会主持,由水电部、交通部、一机部和长江流域规划办公室等有关方面参加,组成坚强的施工指挥部,进行现场设计,在今年年内提出设计方案报国家基本建设委员会审定。为争取时间,你们可即组织力量进行施工准备。为了集中力量打歼灭战,清江隔河岩工程停建,其所有今年投资转由葛洲坝使用。"此文同时呈报中共中央主席毛泽东。

12月16日　周恩来总理在国务院会议室听取了湖北省革命委员会副主任张体学关于葛洲坝工程补充设计简要报告的汇报和关于长办革命委员会副主任林一山的意见。参加汇报会的还有纪登奎、李德生、余秋里及国家计划委员会、基本建设委员会、水电部、交通部、一机部的负责人。会议决定葛洲坝工程作为三峡工程实战准备提前兴建。周总理说:"我同意这个工程,方案要非常可靠,要建在可靠基础上,要安全要节约,要听取反面意见。要发动群众,加强领导,实事求是。提纲要把出现的问题写进去,把问题暴露出来。"

周总理指出:报告只说改善了航道,而没有说与三峡大坝的关系,这是你们与林一山争论的焦点,这问题不能回避,要暴露矛盾,解决矛盾。林一山也要写出自己的观点,让毛主席知道这两种不同意见。三峡与葛洲坝同时修,形势不允许,"四五"计划期间也不可能,要把会出现的问题暴露出来,解决矛盾。

12月17日,林一山写信给周总理"关于修建葛洲坝和三峡工程的意见",三点主要内容:(1)葛洲坝工程蓄水后,抬高三峡坝址枯水期水位20余米,先建葛洲坝工程将给以后的三峡工程施工造成一系列困难。再者,葛洲坝工程建成后泥沙淤积问题,总的方面虽可设法解决,但它的淤积变化规律或者将会出现什么新的情况,尚无法了解有待研究。(2)在国家急需用电的情况下,先建葛洲坝工程能较三峡工程提前发电,但可否从其他方面寻找电源,认为可以考虑,按三峡工程分期开发方案,先修三峡枢纽的第一期工程,其工程规模、发电量、投资等方面,均基本与葛洲坝相同,除开始发电时间较长外,优点多于葛洲坝,且技术上的可能性已得到解决,兴建三峡工程的时机已经成熟。(3)建议:①在批准修建葛洲坝工程时,应组织力量专门讨论研究一个比较完善的计划,以克服葛洲坝工程给三峡工程施工造成的各种困难。并建议把三峡枢纽水下工程在葛洲坝工程蓄水前修好。②如不先建葛洲坝工程,应立即转入着手筹建三峡枢纽工程的分期开发方案,进行施工准备,建议召开全国性的专门会议,研究讨论并审查各种有关三峡工程的技术可能性问题。

12月24日　周恩来总理写信给毛泽东主席关于兴建葛洲坝工程问题,信中说:1969年主席在武汉曾在曾思玉提议修三峡大坝时说,在目前备战时期不宜作此设想。后来,他们同水电部、长办转而想改建三峡下游宜昌附近的葛洲坝低坝,采用径流发电,可争取在短时间加大航运和发电量。武汉军区和湖北省革委会在本年10月就此提出报告,请中央列入"四五"计划。中央政治局11月会议讨论,原则批准,要他们多做水工试验和研究,并写一可靠的水坝工程资料。我和国务院业务组与曾思玉、张体学、林一山等同志和水电部负责人经多次研究和讨论,认为在"四五"计划中兴建葛洲坝水利枢纽工程是可行的。他们所提出的资料和数据,基本可靠,而在施工过程中,还可精心校正、精心设计,力求避免20年来修水坝的许多错误,现将中央批复送审稿及报告和附件附图呈上,请审阅并请主席批示。《林一山意见书》一并送上供参阅。

12月26日　毛泽东主席在该文件上批示:赞成兴建此坝。现在文件设想是一回事。兴建过程中将要遇到一些现在想不到的困难问题,那又是一回事。那时,要准备修改设计。

12月30日　葛洲坝水利枢纽工程在湖北省宜昌市举行隆重开工典礼。水电部军管会副主任吴志笃在会上宣读了《中共中央关于兴建葛洲坝水利枢纽工程的批复》和毛泽东主席的批示。

为纪念毛泽东主席1958年3月30日视察长江三峡,该工程当时命名为"三三〇工程"。湖北省委书记、省革命委员会主任曾思玉任三三〇工程指挥部第一指挥长,省革命委员会副主任张体学任指挥长,武汉军区副司令员张震任政委。由于工程在设计、施工上出现严重问题,于1972年11月停工。

1971 年　六十岁

3 月初　水电部部长钱正英赴四川检查工作，要求长办派专业较全的工作组参加都江堰灌区扩建及鱼嘴工程复工初步设计的有关工作。长办决定由刘崇蓉、潘广哲、谭培伦、韩其为、范中原等组成工作组（组长刘崇蓉）赴四川工作。工作组在充分了解和研究资料的基础上写出了综合性技术文件，同时还考查了仁寿县的黑龙滩水库、龙泉山引水隧洞及东风渠和人民渠等。4 月，根据林一山指示，工作组又对大渡河石棉—泸定段进行了查勘，随后对该段河流做引水式开发可行性提出了初步意见。5—6 月，工作组又参加了水电部张铁铮和四川省刘振华领导的西南选点组工作，历时一个多月，行程万余公里。查勘的主要地区有：大渡河上的龚嘴电站和铜街子工程、长江干流的朱杨溪和石棚水利枢纽、安宁河的大桥水库、盐源县水库、金沙江渡口、巧家、雅砻江二滩、云南昭通、岷江偏窗子、乌江彭水、龙河芭蕉滩水库、跳蹬河、石板溪等，查勘后写出了选点报告。

6 月 23 日　周恩来总理在北京主持葛洲坝工程汇报会。会上，听取钱正英等汇报葛洲坝枢纽布置修改方案。长办有军代表和林一山等人参加。钱正英等主要汇报了通航截流和泥沙等三个问题的研究情况。周总理在听取汇报后指出：葛洲坝工程是在中国第一条大河长江上修建的一个大型工程，是件大事，要大家负责。毛主席批示要准备修改设计，这很重要，批示的精神是实践、认识、再实践、再认识。半年前提的方案就不是从整体上看问题，把重点放在发电上，100 多亿度电，长江哪个支流上都可以搞，但长江航运要是中断，就不得了，就得拆坝。两利相权取其重，两害相权取其轻。长江重点保证航运畅通。治江是我们几千年的民族传统，但我们总结经验不够，例如过船问题，还有木材和鱼的问题，要救船、救木、救鱼……关于淤积问题，不能一下子排除不同意见，要听取各方面意见加以研究，可先按这个修改方案做工作再把它具体化。

6月　林一山开始了西部南水北调的实地查勘。汪定扬（长江水利水电科学院工程师）、李敬吾（秘书）同行，青海省水利局赵局长陪同，从西宁出发赴盐湖、青海湖、柴达木、格尔木、共和、龙羊峡、湟中、崇德，又过玛多翻越巴颜喀拉山到玉树及直门达水文站进行考察。考察路线涉及青海大部分地区，由黄河发源地跨过巴颜喀拉山，到长江上源的通天河。在已有了解的地方，仔细察看山川形势、河流水况，并请赵局长安排一系列座谈会，向当地同志请教调查，包括与引水线路有关的地形地貌、物产资源、社会经济等问题。

8月　林一山又赴四川，在四川水利厅齐副厅长陪同下，经岗拖水文站、江达、甘孜、炉霍、道孚、雅江、理塘、巴塘水文站及若尔盖、松潘、红原、马尔康、金川、丹巴、泸定、石棉等地，对雅砻江、大渡河、岷江三条河流上游水系分水岭地带进行考察。

8月19日　水电部军管会主任张文碧和长办主任林一山等一行，到太湖流域视察水利工程。

10月　林一山按照周恩来总理指示:对荆北放淤再作一些实地调查。会同省水电局、长江航道局、荆州地县堤防部门进行了一次广泛深入的调查，并提出包括放淤区、放淤流量、移民问题的初步规划。

在1970年，林一山征得湖北省的支持，会同荆州长江修防处完成荆北放淤设计报告送至湖北省。次年初长办就此向水电部和湖北省提出报告催办。

关于荆江河段治理，进行荆北放淤计划，是林一山早在1951年《两年来治江研究工作的发展》中曾提出的一项措施。"荆北放淤工程"就是在荆江大堤盐卡（沙市下游不远处）至柳口的50公里堤段内，在距大堤平均2.3公里处平行修建一道标准与荆江大堤相同的放淤大堤，两堤之间110平方公里、耕地近10万亩的条形范围内，每年汛期引洪放淤，年淤高0.2~5米。这项工程除一道放淤堤外，还有盐卡进水闸（28孔，总宽约402米）、柳口退水闸（25孔，总宽358米）；因放淤工程影响了已有灌溉系统，还要在盐卡另建一座灌溉闸予以补偿。两闸进出口的放淤、退水的流量均为5000立方米每秒,年进水量 300 亿~400 亿立方米;可落淤 2000 万~3000 万立方米。全部工程共需开挖土方 940 立方米,填方 4600 万立方米,砌石、混凝土工程共约 60 万立方米。按 20 世纪 70 年代初调查,需移民 5.6 万人,全部投资 1.5 亿元。此项工程在汛期放淤时,同时兼有分洪的作用,而在汛后还可以在落淤区进行耕种,因淤地肥沃,必然可以丰收。

11 月 20 日—1972 年 1 月 25 日 水电部军管会在北京召开长江中下游防洪规划会(即通称的 1971 年防洪座谈会)。参加会议的有湘、鄂、赣、皖、苏、浙、沪、川等 8 省(直辖市),长办、交通部、武汉水利电力学院、华东水利学院、南京水利科学院等。会议总结了新中国成立 22 年以来治理长江的成绩和经验,着重研究了长江中下游的治理规划。为确保长江干流各重点堤段的保证水位为:沙市 45.00 米,城陵矶 34.40 米,汉口 29.73 米,湖口 22.5 米,要求全面加高加固主要堤防,提出荆北放淤设计。遇 1954 年型洪水时,超额洪水 492 亿立方米需要分洪,分配方案为:荆江分洪区 54 亿立方米,洞庭湖 160 亿立方米,洪湖 160 亿立方米,武汉附近地区 68 亿立方米,湖口附近区 50 亿立方米(鄱阳湖、华阳河各分担 25 亿立方米)。统一治理平原湖区,近期要求保证能抗御普通年份旱涝灾,使农业稳产高产。大水年有计划地牺牲一部分,确保一部分,垦殖服从蓄洪,适当增加大型排灌站,减轻涝灾。加强山丘区水利建设。有计划有重点地整治长江干流,对重要城市工矿崩塌河岸进行重点防护,摸清河床演变规律,提出治理方案。继续完成下荆江系统裁弯工程。积极发展水电。兴修水利要救鱼、救船、救木和血吸虫防治。积极做好长江三峡工程的科研、设计、勘查工作。水利工程要全面配套,狠抓管理。会议形成了两份文件,即:《长江中下游规划座谈会的纪要》、《长江中下游规划中的一些问题的初步意见》。会议期间,华国锋、李先念、余秋里等国务院领导听取了座谈情况的汇报,并充分肯定了长江 22 年的建设成就。

1972年　六十一岁

10月　国家基本建设委员会、国家计划委员会、水电部、交通部、一机部和农业部等共同组成的联合工作组对葛洲坝工程的设计工作和施工情况，进行全面检查。

水电部在审查设计时指出：由于地质勘探发现二江软弱夹层性状比预计的严重，建筑物沿深层滑动的稳定安全系数，应由原设计中采用的1.1增加到1.3~1.4，厂房"两机一缝"的布置，应改为"一机一缝"。二江电站2台机组参加导流，认为存在问题较多，技术上没有把握，故二江电站仍装4台。二江泄水闸恢复19孔。鉴于以上的改动，工程数量和投资均大幅度增加，土石方挖填量由2748万立方米增至4273万立方米，混凝土由339万立方米增至640万立方米，总投资由15亿元增至25.9亿元。在泥沙淤积方面，根据武汉1：250的泥沙变态模型试验，表明三江航道口门确有异重流现象，航道泥沙淤积问题比预想的更为严重。三江的技术方案还需修改以适应基础情况，在未定案之前，联合工作组决定暂停施工。另发现，已浇混凝土存在严重的质量事故，初步检查发现裂缝96条，架空、蜂窝、麻面29处，其中三江冲沙闸已浇5孔底板均产生贯穿裂缝。

联合工作组将设计施工中存在的问题写出《关于葛洲坝工程的汇报提纲（草案）》，提出存在的问题是：①设计、试验赶不上施工的需要；②忽视了施工组织设计工作；③工程质量不好；④科学管理跟不上。并于10月份上报告国务院。

11月8—21日　国务院总理周恩来抱病先后三次听取葛洲坝工程的汇报。参与汇报的有国家计划委员会、基本建设委员会、水电部、交通部、一机部、农业部、长办和三三〇工程指挥部的负责人和代表。周总理在会上作出重要指示。

11月8日（17:30~21:20）周恩来总理第一次接见。

在这次汇报会上,各部门负责人认识到了"边勘测、边设计、边施工"带来的恶果是质量差、进度慢、浪费大,应当修改设计。

周恩来总理说:"只有在弄清情况、认识正确、设计对头的情况下,才能鼓干劲。现在坝址的地质问题还没有完全弄清楚。"周总理严肃地指出:长江上出了问题不是一个人的事,是整个国家、整个党的问题。周总理强调,水利是和水打交道,一点马虎不得,马虎一点马上出问题,是关系人民财产的问题。毛泽东主席在批示上写了"赞成兴建此坝",又写了"要准备修改设计",现在是修改设计的时候了,不能再等了。

11月9日(19:30~00:20)周恩来总理第二次接见。

周恩来总理继续听取汇报并提议由长办主任林一山组织讨论,并由长办负责修改设计。周恩来总理说,主要是设计问题,要把方案搞出来。如果不行,马上停下来。新中国成立20多年了,在长江上修一个坝,不成功,垮了,是要载入党史的。又说,我对葛洲坝工程这些问题总是战战兢兢,如临深渊,如履薄冰。

在这次会议上,周恩来总理说:"现在请林一山同志主持讨论葛洲坝工程问题,钱正英、张体学、王英先、马耀骥、沈鸿、谢北一、袁宝华(后又加三三○工程局廉荣禄)参加,给你们三天时间讨论。要先把设计方案定下来。"

从11月9日晚第二次汇报会结束起,周总理指定由林一山牵头的九名负责人和与会的代表进行了讨论,对葛洲坝工程方案的修改意见达成了共识。

11月13日,林一山将九人讨论结果写成《关于修改葛洲坝工程设计问题的报告(送审稿)》(以下简称《报告》),联合署名上报国务院。《报告》提出,经过对原设计方案的反复研究,认为在葛洲坝建坝是可行的,防止航道淤塞、保证通航是可能的。但初步设计的任务仍很艰巨,要解决枢纽的合理布置,确定主要建筑物形式及施工方案,特别是对一些技术关键问题,如泥沙淤积、消能防冲、大江截流、大型机电设备和闸门启闭机、基础黏土层及其夹层规律的研究与处理措施,以及混凝土质量的控制办法等,都要进行专门的试验研究和论证,以求得合理的解决。

11月10—14日,林一山出席并主持葛洲坝工程技术委员会第一次会议。

这次会议主要是遵照周总理和国务院负责同志的指示,研究如何开展葛洲坝水利枢纽工程修改设计的问题。

会议认为:工地正在进行的设计方案是两年来边暴露矛盾,边解决矛盾,不断发展出来的。总的看来是可行的。但许多技术问题,特别是航道防淤问题,比较复杂,我们还缺乏经验,还可能出现意想不到的困难。拟将现行方案深入做下去,取得科学试验数据,进一步暴露矛盾,解决矛盾,不断修改完善。

会议还提出,葛洲坝工程技术比较复杂,牵涉面广,综合性强,必须加强科研设计工作的领导。建议中央指定有关人员成立葛洲坝工程技术委员会,向中央负责。遵照周总理指示,具体设计工作由长江流域规划办公室负责。根据工作需要,组织各有关单位参加科研、设计会战。

会议认为,初步设计还应在流域规划指导下,处理好上下游、防洪、发电、航运、灌溉、养鱼等相互关系,达到综合治理的目的。要严格按基本建设程序办事。初步设计和技术设计一定要十分抓紧,做到确实可靠,力争早日完成。初步设计进行期间,主体工程暂停施工。

出席会议的有:马耀骥、王英先、沈鸿、张体学、林一山、袁宝华、钱正英、谢北一、廉荣禄。会后,由林一山执笔写了给总理并国务院的报告。

葛洲坝工程技术委员会成立于1972年11月,该委员会自成立以来,先后召开了13次会议,对葛洲坝工程的重大技术问题作出了正确决策。每次会议结束时都向国务院写出会议报告。这些报告都是林一山亲自起草,经过大小专业会议,充分发扬民主,广泛深入讨论并征得各委员同意签字,最后由林一山定稿上报的。

11月21日(17:40~21:20)周恩来总理第三次接见。

林一山汇报了九位负责人和一批技术干部讨论的情况。

林一山说:"周总理在上次汇报会上的指示很正确、很重要、很及时。把设计做好,主体工程暂停下来。"

周总理说:"正确、重要不敢说,及时倒是。因为再不抓,就不能按照毛主席的指示做好工作了。"周总理又说:"20年来,我关心两件事,一个上天,一个水利,水利是关系到人民生命的大事,我虽然是外行,也要抓。水利抓了20年,而水利的历史至少有3000年,这是科学的事。"

当林一山汇报通航问题时,周总理说:"长江如果不能通航,那我们这一代犯的错误不得了。长江比不得三门峡,那里没有通航,这里不通航可不得了。"

当林一山汇报:"葛洲坝工程设计需要解决许多重要技术问题。"周总理说:"过去没有实践,所以是先修葛洲坝工程,成为三峡大坝的试验坝,你原先主张先修大的,我们说服你,先修葛洲坝作试验。这里出现的问题,那里同样会出现。搞好葛洲坝工程,林一山就是大成功。"

林一山汇报,建议成立葛洲坝工程技术委员会。周总理说:"葛洲坝工程技术委员会由林一山负责,名单由你提出。长办需要的人,需要的工作,还是要管起来,有用的人留下,先把设计搞出来。"

林一山说:"1973年集中搞设计,主体工程暂停。"周总理说:"技术委员会组成后,回到湖北搞一个进度表来,这样计委也可以给东西,有根据。有什么困难,写报告来,通过水电部报国务院解决。长办不改组,不撤销,用不着的人可以转业,保留'五七'干校,有个基地。"

11 月 21 日 国务院总理周恩来再次听取林一山关于葛洲坝工程建设讨论汇总情况的汇报。周恩来总理决定,葛洲坝主体工程暂停施工,改由长办承担修改设计。成立葛洲坝工程技术委员会,由林一山负责。对科研和设计工作进行指导,向中央和国务院全权负责。

葛洲坝主体工程暂停施工时,工程已完成土方开挖314.13万立方米,石方开挖166.64立方米,混凝土浇筑10.52万立方米,其中混凝土浇筑因质量事故及修改设计,需要炸除1.62万立方米。

11 月 23 日 由周恩来总理建议并提名,葛洲坝工程技术委员会成立。委员会以林一山为负责人。委员有:水电部部长钱正英、湖北省省长张体学、水电部副部长王英先、交通部副部长马耀骥、一机部副部长沈鸿、国家基本建设委员会副主任谢北一、国家计划委员会副主任袁宝华、葛洲坝工程局局长廉荣禄(后增补赵修、林木森、田英、陶琦、李鹗鼎为委员)。技术顾问为:张瑞瑾、严恺、张光斗。从1972年11月—1982年1月,葛洲坝工程技术委员会先后召开了13次全体会议,解决了葛洲坝建设中的一系列关键性的重大技术问题。

11 月 长江葛洲坝工程修改设计改由长办承担。为加强科研工作,长江水利水电科学院在汉口陆续建造了一系列水工模型,包括1:200整体,1:100整体,1号、3号船闸,大江、二江、三江闸断面,电厂进水口,电厂排沙管、排漂孔及截流局部模型等,对设计遇到的各种水力学问题进行全面研究。同时抓紧开展泥沙、岩基、结构、材料等方面的研究工作,为葛洲坝工程修改设计和重新开工作技术准备。

1973年　六十二岁

1月25日　林一山出席并主持葛洲坝工程技术委员会第二次会议。

这次会议集中讨论了由葛洲坝工程技术委员会提出的"长江葛洲坝水利枢纽修改初步设计进度表及说明"。

说明要求，修改初步设计需研究航运、发电、防洪、渔业等综合利用规划，进行单独运转以及和三峡枢纽联合运转的全面论证；对坝线进行补充论证；进一步研究枢纽布置和建筑物形式选择；编制施工组织设计。

进度表要求，修改初步设计的各项工作，必须在1973年底完成。

3月29日—4月9日　由林一山主持召开了葛洲坝工程技术委员会第三次会议，这次会议主要是研究坝线问题。

会议认为，自第二次会议以来，各有关单位根据今年2月呈报的初步设计进度计划，积极开展了坝线比较和各项勘测、设计、科研工作。3月下旬，在汉口召开了葛洲坝工程1973年科研计划座谈会。除五个科研基地外，还有交通部科研院、大桥工程局、中国科学院岩土力学研究所、清华大学和华东水利学院等单位参加，水电部和交通部派人出席了会议。

根据长办原有的基本资料和近几个月来的勘测、设计和试验成果，通过对现坝线上几个有代表性的枢纽布置方案的研究，证明已知的一些重大技术问题，可以采取有效措施得到解决。经过反复讨论，倾向于维持现坝线以利今后工作。但还要进一步研究，证明枢纽布置方案能够合理解决各项重大技术问题时，正式的坝线才能最终确定。

9月26日—10月25日　由林一山主持召开了葛洲坝工程技术委员会第四次会议，这次会议主要讨论由长办提出的"关于葛洲坝水利枢纽修改初步设计基本方案的报告"。

在第三次技术委员会以后，长办科研设计人员仅用了八个月时间，就提出了修改设计基本方案。这个方案虽然还不能作为修改初步设计的正式文件，但为争取在年底前提出修改设计正式文件奠定了基础。

会议分两个阶段进行。第一阶段，为了充分讨论，畅所欲言，代表们进行了大会发言。会上长办作了修改初步设计工作和工程设计结合赴美考察技术座谈会情况汇报，各单位介绍了科研试验成果，交通部代表发表了"葛洲坝水利枢纽设计中有关航运问题的意见"，其他各单位代表作了综合发言，并分发书面文件。

第二阶段自10月7日开始，为了统一认识，召开委员会会议。为便于各委员充分表达意见，各有关部门选派了1~2名了解工作的同志列席会议，并有充分发言权。

会议经过一个月的广泛、反复的、充分的讨论，多数委员和有关部门同志同意长办提出的修改初步设计基本方案。认为修改初步设计阶段必须解决的重大技术问题已基本落实，其他问题可留待技术设计阶段或以后继续解决。应力争在年底前后提出修改初步设计文件，暂时不能统一的意见，不是原则分歧的，可以在技术设计和以后工作阶段中解决。交通部门同志认为，在通航方面的一些重大技术问题，大部尚未落实，至少应在坝区淤积和南津关整治等重大问题有了解决方案后，再定修改初步设计基本方案。

关于设计体制问题，半年多来在技术委员会的领导下，船闸设计由交通部水运规划设计院承担，总体和其他建筑物设计由长办承担，实践证明，这样的办法步调不易一致，存在一些问题。会议经过讨论，认为设计拟改为全部由长办承担，集中进行，加强领导，才能保证及时完成任务。

10月25日最后一次会议上，有些问题认识不一致，原来已经过三稿修改拟作为技术委员会的报告，改作为长办的报告上报。交通部马耀骥同志的意见一并上报国务院。

4月20日—6月14日 经国务院批准，结合葛洲坝工程重大技术问题，组成以严恺为团长的赴美考察组，长办魏廷铮、张邦坼参加，赴美考察8周。在美期间，由美国与中华人民共和国学术交流委员会接待，考察田纳西河等6条河流上共27座水坝。此外还考察了密西西比河下游地区防洪和水土保持工程，亚利桑那州灌溉工程，维克斯堡水道试验站等水利科研单位，参观了科罗拉多大学的工学院。与美内务部垦务局、田纳西流域管理局（简称

TVA)交换了意见。通过考察,针对葛洲坝建设中的重大技术问题,吸取了一些有益的经验,考察组认为:①按照长江货运发展推估,现在就建3条船闸太多,建议先建一座大型(二号)船闸,再建一小型升船机,即可满足长航和地方货运量要求,在枢纽布置上,可预留船闸位置。②关于交通部要求的船闸上游引航道弯道半径不少于1200米,保持1200米的静水段和1200米的直线段,宜昌流量60000立方米每秒时,一、二号船闸均能双向过闸等问题,通过考察,认为通航标准应以保证大坝安全为首要条件,流量不宜超过50000立方米每秒;不必硬性规定三个1200米;船闸布置困难可以克服。③船闸下闸门采用人字门一级方案是可行的;上闸首工作门与事故门宜分开,工作门也采用人字门,事故门可采用带滚轮的叠梁检修门;启闭机可采用扇形齿轮和曲柄连杆的简易方式。闸门、启闭机的设计、制造、安装,基本上可自力更生,国内技术条件可以达到。④航道淤积可采取措施,保证通航。⑤由于葛洲坝地基岩石在软弱夹层,建议放宽溢洪道,减少单宽流量,做好模型试验,确定消力池的布置和尺寸,可保证安全。闸门可用预应力钢索拉锚弧门结构,以保证运行可靠。⑥导截流应通过十分仔细的大比例的模型试验,多方案比较,按模型选定的方案施工,一般均能保证截流成功。另外,还提出了鱼道、机械化施工、防洪等方面的考察意见。

9月10—20日　长办在武汉召开了"葛洲坝工程设计暨赴美考察技术座谈会",并同交通部原拟于8月底召开的航运座谈会合并进行。会议就葛洲坝水利枢纽的三江航道水库淤积、船闸规模、枢纽布置、建筑物设计和施工等方面的技术问题,结合美国水坝同类问题,进行了广泛讨论,对以后做好设计和科研工作起到了借鉴作用。会后,由长办整理的《葛洲坝工程设计结合赴美考察技术座谈会情况汇报》上报水电部。

11月　常驻北京的长办对外宣传组负责人成绶台向林一山请示,在中华人民共和国赴日本展出丹江口水利枢纽专题展览和新华社北京发布丹江口水利枢纽胜利建成的消息时,对外宣传组与水电部有关审稿负责人在对外宣传口径上存在重大分歧。具体是:对丹江口工程的全称定为"丹江口水利枢纽"是对的,不能用"丹江口水电站",丹江口水利枢纽最大的特点是防洪、发电、灌溉、航运、养殖等综合效益。中央领导曾说它是"五利俱全"的

1973年

工程。如果只是强调它是"水电站",90万千瓦的水电站在国外多的是,叫"丹江口水电站",既不符合实际,又大大削弱了它的宣传效果,林一山肯定了对外宣传组的意见。后在中华人民共和国赴日本展览会负责人、中日友好协会会长廖承志的支持下,请来钱正英副部长到预展会场面商,最后定为:"丹江口水利枢纽"。

1973 年 汉江丹江口水利枢纽初期工程基本建成。混凝土大坝按正常蓄水位 155 米,坝顶高程 162 米,最大坝高 97 米浇筑完成;电站厂房 6 台单机 15 万千瓦水轮发电机安装完毕;泄洪建筑物由深孔泄洪闸和堰顶溢洪道两部分组成,均按设计要求建成,最大泄洪能力达到 5 万立方米每秒;提升能力为 150 吨级的垂直升船机建成,为过坝通航提供便利。可分别引水为 500 立方米每秒和 100 立方米每秒的河南陶岔和湖北清泉沟引水渠首工程完工。丹江口初期工程于 1967 年开始拦洪,年底水库蓄水。1968 年 10 月第一台机组发电。工程由长办设计,水电部第十工程局施工。工程总投资 10.07 亿元。丹江口水利枢纽工程的建设,为兴建葛洲坝工程和三峡工程培养了一大批优秀的设计、施工人员,积累了多方面的建设经验。

1973 年 遵循周恩来总理提出的"葛洲坝工程要为三峡工程作实战准备"的指示,本着"三峡着眼,近期着手"的精神,长办会同有关单位共同开展了葛洲坝工程建设的大量科研试验工作。多年来所获得的大量科研成果,既直接解决了葛洲坝建设中的问题,也有相当一部分可为三峡工程建设借鉴。

1974年　六十三岁

　　1月　长办提出《太湖流域排洪除涝骨干工程规划草案》(以下简称《规划草案》)征求意见稿,经水电部3月13日转发江苏、浙江两省和上海市征求意见。此《规划草案》是1973年长办提出的讨论稿中采用方案,并作了部分修改。太浦河排洪28亿立方米,望虞河排洪由19亿立方米降为18亿立方米,湖西拉水北排由8亿立方米加为9亿立方米,太湖汛前水位预降增蓄5亿立方米和东太湖一般不分洪。为解决上海市区的防洪安全问题,提出了超标准洪水的紧急措施方案。该《规划草案》对需要修建的工程项目、开发顺序、工程的调度运用及工程效益都作了分析论证。根据计算,按规划要求第一期工程实施后,如1954年洪水再现,成灾面积可减少70%。上述两省一市先后反馈了意见和要求。长办又据此进行了多种方案的分析比较,于1976年1月14日提出照顾各方利益的方案;太浦河排洪28亿立方米,排涝12亿立方米;望虞河排洪18亿立方米,湖西安装150立方米每秒的电排站排洪9亿立方米,兴建南排工程排涝23.7亿立方米。这一方案实施后如遇1954年型洪水,对各地均有较大效益。上海市防洪安全问题主要受台风高潮的影响,应采用加高、加固市区防洪墙为主要防洪措施。

　　2月初　在中央决定正式公布丹江口水利枢纽工程建成的消息时,按林一山指示的意见,新华社记者与长办对外宣传组共同草拟新华社通稿,在送审时又碰到困难,其主要分歧是:送审稿中强调"丹江口水利枢纽初期工程胜利建成"并评述了丹江口水利枢纽工程的综合效益。水电部审稿负责人不接受稿件起草人的再三陈述,坚持说中央不是要我们大力宣传"文化大革命"的成果吗?讲"丹江口水利枢纽胜利建成"不是很好吗?加上"初期工程"不是削弱了报道气势吗?丹江口水电站是目前全国最大的水电站,突出发电给人印象深刻;至于引水华北那是遥远的事,暂时不提它吧!对外宣传组在再三坚持的同时又就此问题请示林一山。林一山坚决表示一定要说它是"初期工程",这是国家已经批准了的。不讲"初期",今后如何加高达到最终规模？丹江口水利枢纽工程主要任务是防洪；做到最终规模时，就是南水北调中线工程的水源地。他还强调在讲到丹江口初期工程的防洪效益时，要强调："初步解除了汉江中下游的洪水威胁"，"初步"两个字不能少，否则讲过了头，今后如遇更大的洪水再配合使用杜家台分洪和其他方式分洪时，怎么向人民交待呢？

这个尖锐的矛盾，经由时任新华社社长朱穆之关注，由该社发出急电分别向长办，湖北、河北两省，水电部和丹江口工程局征求意见，又根据五家反馈意见，正式报请李先念副总理。

23日，李先念副总理正式批示，大意是：同意公布丹江口工程建成的消息；要指出现在是初期工程；要强调以防洪为主的综合效益；引水问题要写上。

新华社按照指示定稿。当晚在"新闻联播"中向全国广播。24日，《人民日报》和全国各大报纸，都在头版头条公布了《汉江丹江口水利枢纽初期工程胜利建成》这一振奋人心的消息。

4月27日 由林一山主持召开了葛洲坝工程技术委员会第五次会议。这次会议主要是讨论修改初步设计方案，并着重讨论葛洲坝工程下一步怎么办。

经过前一阶段较长时间的反复讨论和争论，多数同志认为修改初步设计阶段必须解决的重大技术问题已经基本落实，方案可以定下来。大江引航道的具体布置，下阶段还可以进一步研究。长办可以在送审稿的基础上，进行修改补充，尽快报送葛洲坝工程技术委员会转报中央审批。目前工地要加紧进行施工准备，待修改初步设计批准后，迅速恢复主体工程施工。

交通部认为，从交通航运设计要求看，目前还未达到要求，希望继续做试验，取得必要的试验数据后，才能最后肯定。按交通部提出的试验要求，有经验的同志估计，至少要两年时间才能完成。因此葛洲坝工程下一步究竟怎么办，迫切需要请示中央决定。

为了不使初步设计工作拖延下去，会议要求交通部用书面形式写出正式报告，与技术委员会多数委员的意见一并报告国务院。

4月28日 国务院副总理李先念主持召开荆北放淤工程审查会议。李先念在长办编送的《关于兴建荆北放淤工程简要报告》上作了重要批示:①要加强现在的荆江大堤,防止近几年,特别是今年出现意想不到的大水。②长办提出的意见已经议论了多年,看能否按长办的方案办。如可以,可提前实现,就要大打人民战争。这个问题要与湖北省详细商议后,由水电部提出报告,经中央批准。

5月,水电部在北京召开荆北放淤工程审查会。会上湖北省水电局提出不同意见,建议采用"吹填"的办法。由于意见不统一,荆北放淤工程被搁置。会议由水电部提出《荆北放淤工程审查报告》的处理意见上报国家计划委员会。

6月20日　长办提出《长江中下游平原区度汛紧急措施方案》。主要内容为:①为保障广大人民生命财产安全,任何情况下都要确保荆江大堤、武汉市堤安全。②在1954年同样洪水情况下,还要保证无为大堤、荆江南线大堤、洞庭湖重点堤垸、赣抚平原、鄱阳湖区重点圩堤及沿江重要干堤和重点城市交通干线安全。③汉江遇1935年型洪水,确保遥堤安全;遇"75·8"型暴雨,要确保丹江口水库安全,力争减少汉江下游损失。④与长江干流有直接分洪关系的平原湖区,请有关省、市制定度汛措施;感潮江段的江堤应按历年最高潮水位及风浪超高等因素拟订安全措施。1976年6月,长办将修订后的《长江中下游平原区度汛紧急措施方案》报送水电部。

7月22日　国家计划委员会提出对《荆北放淤工程审查报告的处理意见》。指出:荆江防洪极为重要,一定要保证安全,采取的工程措施必须在技术上有把握,确能解决问题,并且要注意收效快、投资省。荆北放淤工程,有关方面意见很不一致,现在不能定案。请湖北省、长江流域规划办公室对几种比较方案(即荆北放淤、荆江大堤加固、增加或不修二道防线工程)进一步研究。当前应大力加强现有荆江大堤,今冬明春继续进行险工险段的加固工程护岸护底,防冲保坦。

9月　国家基本建设委员会受国务院委托主持召开座谈会,听取各方对修改葛洲坝工程建设中的不同意见。经过充分发扬民主,广泛交流意见,并摆出大量科研设计成果,各方意见渐趋统一。最后会议认同了葛洲坝工程修改初步设计，并确定主体工程复工。至此，周恩来总理要求两年完成修改设计任务，略有提前地胜利完成任务。

9月　国务院副总理谷牧宣布，长江葛洲坝水利枢纽主体工程正式复工。

葛洲坝工程自1972年11月停工和修改设计以后，葛洲坝工程技术委员会组织全国范围的科技大协作，先后召开多次会议，长办抓紧完成了大量的科研设计工作，妥善处理和解决工程设计中的主要技术问题。1974年2月，长办提交了修改初步设计送审稿。4月27日，葛洲坝工程技术委员会在北京召开第五次全体委员会，审议了长办提交的修改设计送审稿，并给周恩来总理和李先念、纪登奎、华国锋三位副总理呈送了报告。报告称，长办于1974年2月提出葛洲坝水利枢纽修改初步设计送审稿，会议多数同志认为修改设计必须解决的重大技术问题已基本落实，方案可以定下来。大江引航道的具体布置，可留待下阶段进一步研究；泥沙淤积经多种方案模型验证和多次泥沙座谈会证明，可以解决航道内悬沙淤积；南津关整治模型试验表明，切除两岸山嘴约150万立方米，可以满足流量4.5万立方米每秒的正常通航要求；基础的泥化软弱夹层处理，可以做到工程安全；挖除葛洲坝，扩宽二江泄水闸，能妥善解决泄洪、导流和截流的要求，做到安全可靠；17万千伏水轮发电机组由我国自行研制的转轮和新钢种叶片材料，通过3年多研制，对23米水头可安全发电，已投产的两台机组将安装在二江；船闸下闸首采用的"人"字闸门，用液压传动大齿轮连杆启动机，可解决制造安装等问题；泄洪闸门采用"上平下弧"双扉门，弧门支座采用预应力拉锚装置，可以满足结构要求。在审议中，交通部代表认为有关航道泥沙淤积、航道水流条件等重大技术问题现在并没有得到妥善解决，还须做模型试验，才能最后确定修改初步设计方案。为此，报告附林一山给周恩来总理的信及马耀骥给林一山的信。同年9月2—15日，国务院副总理兼国家基本建设委员会主任谷牧在北京主持召开葛洲坝工程座谈会，各方代表一致认为复工的条件已经具备，确定长江葛洲坝主体工程正式复工。

12月8—20日　林一山主持召开葛洲坝工程技术委员会第六次会议。

这次会议主要讨论了主体工程复工以后，需要解决的重大问题，并规定设计的审批原则。

由于国务院已正式批准葛洲坝主体工程复工，设计工作已进入一个新的阶段。因此，设计工作一方面要满足施工进度的要求，不能发生停工待图的问题，另一方面要对修改设计尚未定案部分继续进行研究。因此第六次技术委员会确定，在满足施工要求方面，除由长办直接提出单项技术设计和单项施工详图外，还应派设计人员深入现场，配合施工，解释图纸。其余设计工作仍由长办在本部进行，加强前后方密切配合与协作。

会议重申，1974年9月受国务院委托，由国家基本建设委员会召开的座谈会指出："遵照周总理指示，葛洲坝工程的具体设计工作由长江流域规划办公室负责。有关通航建筑物的设计，由交通部水运规划设计院派出设计组，在长办统一领导下进行。长办要组织有关部门有船闸设计经验的人员充实加强这个设计组，形成拳头，做好工作。"

1974年

1975年　六十四岁

4月　由长办倡议组织于每年汛前召开的长江流域汛期长期水文气象预报商讨会（首届会议）在湖北武汉召开。会议从大气环流、海洋与大气关系、下垫面与大气关系、地球物理、天文、水文及数理统计等多种途径，对长江流域当年汛期旱涝趋势、水情、雨情作出分析预测，同时就预报方法技术的研究、提高展开协作和交流。参加会议的单位有水文、气象、有关科研部门和大专院校等，部门间实行生产、科研、教学三结合，互相促进、共同提高，推动中长期水文预报从理论、成因分析、预报方法技术方面得到了快速发展与提高，并收集和积累了约180万个数据的较为完整系统的基本资料。到20世纪80年代初，长江流域大部分省（直辖市、自治区）都相继开展了此项工作。

5月23日　长办向水电部报送《滁河防洪规划报告（讨论稿）》。滁河位于江淮之间，源于安徽省肥东县，地跨安徽、江苏2省10县1市，由江苏省六合市大河口入长江，全长269公里，流域面积7900平方公里。规划的原则是：全面规划、分期实施；以泄为主、蓄泄兼筹；上下游兼顾，综合利用。拟订的防洪标准是：保护津浦铁路安全的铁路圩防御100年一遇洪水，县城防御50年一遇洪水，沿河两岸居民点及一般圩区农田防御20年一遇洪水。

7月7—19日　林一山主持召开葛洲坝工程技术委员会第七次会议。会议着重讨论了修改初步设计报告和技术设计有关问题。

葛洲坝工程修改设计完成以后，适时转入单项技术设计。由于技术设计对于提高初步设计的完整性有密切关系，而且技术性要更大一些。为此，技术委员会将开会形式作了一些调整，按专业原则提倡用不同技术理论或不同观点审核设计单位提出的方案，以便开展讨论或辩论达到意见统一。再由大组集中不同意见提交技术委员会讨论决策，充分做到了重大技术决策的科学性和民主化。9月和12月，林一山按照葛洲坝工程技术委员会第七次会议决定，先后亲赴葛洲坝工地召开设计审查会，审定了葛洲坝工程二、三江工程技术设计总图。

9月18—28日　林一山代表葛洲坝工程技术委员会在现场组织了审查会，重点审查了三江工程总布置和三江冲沙闸、三号船闸技术设计结构总图。认为审定的结构方案的某些部位如继续研究还可有所改进，但时间紧迫，审定的方案已能够做到解决问题，也能防止可能发生的重大错误，因此决定把方案确定下来，以利设计和施工。

12月19—28日　林一山代表葛洲坝工程技术委员会在葛洲坝现场组织召开了二、三江建筑物技术设计总图第二次审查会议，着重审查二江泄水闸、二号船闸、二江电站水下部分和纵向围堰。会议要求科研方面继续进行的主要内容有：二江泄水闸消能防冲和基础稳定，二号船闸泥沙淤积，二、三号船闸下游船只停泊条件，混凝土保温新材料，基岩开挖爆破等。

1976年　六十五岁

1月10日　国务院环境保护领导小组、水电部联合批准长办设立长江水资源保护局。长办主任林一山兼任局长,副主任叶扬眉兼任副局长,张干任办公室主任。5月13日,长办召开长江水资源保护局成立大会。1984年6月,该局改由水电部和城乡建设环境保护部双重领导,并更名为"水电部、城乡建设环境保护部长江水资源保护局"。1991年4月更名为"水利部、国家环境保护部长江流域水资源保护局",承担长江流域的水资源保护工作,包括系统监测水质,编制水资源保护规划,进行工程环境影响评价,开展水资源保护科学研究、水资源管理,以及进行水污染综合防治等。

3月19日　林一山主持召开葛洲坝工程技术委员会第八次会议。

会议对施工、通航、河势规划和争取1980年通航发电和闸门启闭机设计制造等问题分专业进行了认真讨论。

会议认为,根据技术委员会第七次会议决定,1975年9月和12月,已由林一山同志代表技术委员会在工地召开了两次设计审查会,审定了二、三江工程技术设计总图。

这次会议期间召开的闸门启闭机技术设计,技术委员会同意审查意见。并请水电部、交通部、一机部、六机部联合通知各有关设计、制造、安装单位执行。

二、三江工程单项技术设计文件,除二江电站外,应力争于1976年上半年完成,有关第一期工程技术设计的试验工作要抓紧完成。

河势规划工作要求1976年8月份提出倾向性方案,1976年底提出河势规划初步报告,并争取年底提出大江航道和船闸初步设计报告。

库尾和库区泥沙淤积试验工作要抓紧进行,及早提出成果。

大江截流的设计和试验要抓紧,1976年下半年在工地召开第二次截流会议,确定重点方案。

3月　长办完成《三峡水利枢纽初步设计要点补充研究报告》(坝址补充研究),并于5月28日报送水电部,抄送国家计划委员会、基本建设委员会及有关部局。报告推荐:以太平溪坝址作为三峡的坝址,认为三斗坪、太平溪两坝址都具有兴建三峡工程良好的工程地质条件,均能满足水工及施工布置的要求;在不考虑防御核武器而采用一般混凝土坝及以坝后厂房为主的枢纽布置时,以三斗坪坝址为优;在考虑防御核武器而采用加大剖面的混凝土坝及以地下厂房为主的枢纽布置时,太平溪坝址较为有利。

1976年初　在长江葛洲坝二江电厂高边坡开挖中,长办施工处、长江水利水电科学研究院、葛洲坝工程局首次进行了孔深26米的深孔预裂爆破,取得成功。

5月　长办向水电部报送了《青弋江、水阳江流域综合利用规划初步意见》(以下简称《初步意见》)。《初步意见》着重于流域以防洪为主的除涝等方案的初步研究。防洪措施包括:上游以水库蓄洪为主;中游以加培堤防,整治河道,安全宣泄为主;下游平原圩区以加培堤防,提高堤防防御能力为主。青弋江的陈村水库效益显著,应根据国家要求,提高防洪标准,确保水库安全,并应适应下游防洪和尾水工程兴建的情况,研究综合利用调度。水阳江的港口湾水库对解决中下游洪水具有重要作用,综合效益大,勘测设计有一定基础,建议作为第一期工程。并研究了芜湖、当涂建闸方案。

7月21日—9月9日　在长办主任林一山亲自领导和兰州军区支持配合下,由首都新闻单位人民画报社、《人民中国》(日文版)杂志和中央新闻纪录电影制片厂等组成江源拍摄调查组共28人,由成绥台担任领队,对历史上从未探明的长江源头进行了以河流为主的综合性考察。考察证实:长江上游沱沱河发源于青藏高原腹地、唐古拉山脉主峰各拉丹冬雪山西南侧;沱沱河由南向北切穿祖尔肯乌拉山,然后才折转东流,纠正了以往认为沱沱河发源于祖尔肯乌拉山北麓的错误。调查组的石铭鼎、原更生(长办),茹遂初、刘启俊(人民画报社),沈延太(《人民中国》杂志社),史学增(中央新闻纪录电影制片厂),齐克(葛洲坝工程局),王启发(青海日报社)等八人,骑马深入雪山谷地,到达长江源头姜根迪如冰川,并攀登至海拔5800米雪线附近实地探查了江源冰川,揭开了源头之谜;同时,贾玉江(人民画报社)和刘永恩(中央新闻纪录电影制片厂)两人实地考察了祖尔肯乌拉山的峡谷河段和尕尔曲源头冰川。考察后确定沱沱河为长江正源,经重新量算,长江长度由5800公里,更正为6300余公里,超过密西西比河,为世界第三长河。这项新闻由新华社播出后引起国内外广泛关注。后被列入《中国近现代史大事记》(知识出版社1982.11)。

2009年,这项成果与1978年长办第二次江源考察共同入选中国百年(1009—2009)地理大发现30项中的第10项。

8月3日 经水电部批复同意研制国内第一艘长江水质监测船。长办委托华中工学院造船系设计,长江航政局审核,江苏镇江船厂建造。该船命名为"长清"号,船长50米、宽8.6米、深3.4米,平均吃水深2.4米,排水量500吨,装有2台主机、3台发电机组,平均时速26公里。上甲板尾部装有玻璃钢工作艇一艘,配合母船作业。轮内设有9间共150平方米的实验室,配备了一批国产定型仪器。1979年5月30日,监测船投入试航。1980年11月17—24日,水利部、中国科学院和国家仪器仪表总局主持了长江水质监测船研制成果技术鉴定。1982年,国务院环境保护领导小组和水利部将该船交付长江水资源保护局使用。"长清"号水质监测船在投入运行期间巡回采集了2400个水样、底质和水生生物样品,获得5万余个数据,为填补固定监测断面不足、全面反映长江水质状况发挥了较好作用。

12月16—28日 长办在汉口主持召开葛洲坝工程河势规划座谈会。在前阶段船模试验、泥沙模型试验、挖泥试验、航迹线观测、河势调查研究等基础上,经过讨论,认为河势规划的单、双槽方案经试验表明,各有优缺点,需进一步研究;对大江防淤堤,也需要进一步研究。

1977年　六十六岁

1月21—27日　长江水资源保护局在武汉召开首次长江水系水质监测站网座谈会。参加会议的有流域内15个省（直辖市、自治区）和沿江重点城市的环境保护、水文、卫生防疫部门和大专院校及国务院有关部（局）等单位。会议讨论统一了站网布设原则、设站目的、测站技术工作基本要求、资料整理刊布等主要技术问题，通过了《长江水系水质监测站网和监测工作规划意见》。初步拟定在1980年以前设置156个监测站（点），开展监测工作计划。

1月25日—2月13日　林一山主持召开葛洲坝工程技术委员会第九次会议。这次会议主要讨论三江航道标准和河势规划。同时还讨论了坝区建筑规划、大江截流、过鱼建筑物、三江公路桥等问题。

三江航道标准涉及船闸规模、航道长度、宽度、弯曲半径以及航道区域水流流态等问题。除了航道宽度和水流流态以外的问题，过去都取得了比较一致的意见。

随着单项技术设计的展开，航道宽度和水流流态问题就突现出来。这两个问题，航道宽度比较容易解决，最难的当属水流流态。而解决水流流态问题离不开河道整治与河势规划。

经过试验研究，航道水流流态问题通过河势规划、"一体两翼"枢纽布置方案的选定以及河道地形、岸线整治等综合措施才能最终予以解决。

在修改初步设计讨论过程中，有关航道建筑物的科研设计问题，大多数委员与交通部的意见分歧较大，尤以当前亟待决定的三江航道标准问题未能达成一致，如不及早作出决定，势必影响到整个工程的设计与施工。为此，林一山除以技术委员会第九次会议报告上报国务院外，并于3月30日以个人名义，写出专题书面报告，提出大多数委员的倾向意见与交通部意见分歧焦点，报告李先念、谷牧副总理并报国务院请求指示。谷牧和李先念分别于4月3日和4月5日正式批示："认为按林一山同志提出的意见定下来，没有危险。"

3月　长办水文处受水电部委托，在汉口召开应用电子计算机整编水文年鉴经验交流会。26个省（直辖市、自治区）及有关科研成果单位、大专院校共70个单位参加了会议。会议认为电子计算机整编水文年鉴提高工效、节约人力、提高成果质量，促进了水文技术现代化进程，填补了水文资料整编工作中的空白。

4月9日　水电部发出《关于开展全国水力资源普查的通知》。长办负责并会同有关单位对长江流域的黔、陕、豫、鄂、湘、桂、赣、皖、苏、浙10省（自治区）水力资源进行普查。1979年11月，召开长江流域水力资源普查成果验收会，对普查成果协调汇总，最后由长办主编完成《中华人民共和国水力资源普查成果（分流域）第一卷·长江流域》正式上报水电部。

10月　应中共四川省委委托，长办提交了《岷、沱流域部分地区规划要点报告》。1979年提交了报告的附件《鱼嘴枢纽规划意见》《渠道梯级电站规划意见》《成都平原地下水利用初步研究》。1980年，长办主任林一山、总工程师李镇南先后向四川省委汇报岷、沱地区规划及开发步骤。四川省委第一书记谭启龙，第二书记、省长鲁大东肯定了长办提交的规划方案。四川省委认为：这是解决四川农业问题的宏图。

1978年　六十七岁

3月7—10日　长江水资源保护局受国务院环境保护办公室委托,在武汉市召开了长江水资源保护科研规划会议。出席会议的有中国科学院,湖南、湖北、江苏等省及武汉、南京、重庆、黄石等市的代表70名。会议拟订了《长江水源保护科研规划纲要(初稿)》,将"大型水利工程对环境影响研究"列为重点课题。3月15—21日,国务院环境保护办公室在北京召开环境保护科研重点项目规划落实会议,批准了规划,明确长江水源保护的研究由水电部、国家科学技术委员会、环保办负责,长江水资源保护局组织实施。

4月7日　林一山主持召开葛洲坝工程技术委员会第十次会议,这次会议主要讨论了第二期工程问题。

经过九次会议的工作以及有关单位对单项技术设计的审查,长办所提出的第一期工程技术设计已经基本完成。这次会议转入对第二期工程的研究。

大江截流是葛洲坝工程重大技术问题之一,在整个设计过程中,大江截流始终是枢纽布置考虑研究的重要问题,它的实施,将标志着一期工程的结束,二期工程的开始。技术委员会成立之前的截流方案,主要问题在于导流设计不合理,导流能力太小,造成截流水头过高,无法达到截流的目的,这是问题的症结所在。修改截流设计方案,采取挖除葛洲坝,扩宽二江泄洪闸,深挖上下游导渠,增大导流能力,降低截流水头等措施,即可保证截流成功。技术委员会认为,长办的截流工程方案是经过模型试验、方案比较之后提出的,是有成功把握的。技术委员会要求设计单位把截流方案做得更深更细,把中国的立堵方法同外国的平堵方法有机地结合起来,要考虑到各种可能发生的因素,比如气象问题,比如流速过急时可把截流块体联结增加重量并备好实用块体等。

会议还对河势规划、大江航道、水库泥沙淤积等问题进行研究,提出下一步工作要点。

会议还特别提出工程质量问题。技术委员会曾多次讨论研究，认为应坚持"百年大计，质量第一"的原则。今年1月，李先念副主席、谷牧副总理视察葛洲坝工地时，又指示葛洲坝工程建设每前进一步都要兢兢业业，保证质量；要好中求快，好中求省；多装机，早发电。

技术委员会认为，为了贯彻这一指示精神，施工和设计部门要进一步配合，落实保证质量、加快速度的具体措施。对于采用的新材料、新结构、新工艺，要坚持一切经过试验取得可靠数据，经有关主管部门鉴定后再施行。

5月5—17日 长办受水电部委托在武汉召开《水文预报方法（初稿）》审稿会，水电部及有关省水文总站、工程局、大专院校等27个单位参加。此书由长办担任主编，1979年9月，该书由水利电力出版社正式出版发行，林一山为此书写序。1982年2月17日，该书被中国出版工作者协会授予"1977—1981年全国优秀科技图书奖"。

6月21日—9月下旬 在兰州军区的协助配合下，长办组织第二次江源考察，由邹兆倬、张修真担任正副队长。这次考察，补充调查了当曲源头，继续考察了江源地区的水系和自然情况。至此，江源地区的自然地理特征和主要河流情况已大体明了，为全面论述长江源，全面规划和综合开发长江水资源提供了科学依据。此次考察共60人，有地质、地貌、测绘、地理、水文、冰川、生物、新闻、摄影等专业的同志参加。考察后确定长江为三源：沱沱河为长江正源，当曲为南源，楚玛尔河为北源。考察队胜利完成任务，返回兰州时，兰州军区政委肖华、司令员韩先楚及甘肃省兰州市领导出席欢迎大会。林一山主任专程从北京飞往兰州参加欢迎大会。

6月下旬 长办主任林一山前往川东地区调研三峡库区移民工程，并提出《关于三峡水库移民问题的报告》（以下简称《报告》），报送李先念副总理转国务院。《报告》建议：三峡工程高坝中用，分批移民；做好库区后靠的移民工程；做好移民区的整体规划设计工作；依靠地方党委落实移民政策。

7月11日 国家农委在北京举行《长江中游平原区防洪规划要点报告》

（以下简称《要点报告》）讨论会。出席讨论会的有国家农委张平化、李瑞山，水利部钱正英、李伯宁等，长办林一山，湖南省孙治国、史杰，湖北省黄知真、石川等人。会议由国家农委主任张平化主持，重点讨论了荆江防洪方案，主泓南移，四水洪道整治，维持洞庭湖自然水面等问题。会议认为要做到江湖两利，凡碍洪工程原则上应拆除，堵支并流在三峡水库未建前不能搞。会议一致认为，要从根本上有效地治理荆江地区和洞庭湖区的洪水，急需早日兴建三峡工程。

长办提出的《要点报告》对荆江地区规划，提出以上荆江"主泓南移"为主的防洪方案。对洞庭湖区规划，提出两个阶段的设想：①在三峡水库建成前的近期规划方案，主要包括堵支并流，蓄洪垦殖，电排建设和堤防加固。②在三峡水库和四水上游控制线水库建成以后的远景设想，主要是整治澧水、沅江、资水的紊乱洪道，使洞庭湖平原变为由资、沅、澧三条东西向的洪道分割成的四个大片，围垦目平湖、南洞庭湖，从根本上解决洞庭湖的排洪、排灌、交通、灭螺等问题。对城陵矶附近规划，由洪湖区和洞庭湖区共同分担蓄洪任务，使超额洪水安全下泄；在螺山兴建12000立方米每秒的洪湖进洪闸，以控制洪湖区的蓄洪水位。对武汉地区规划主要是加高堤防和建设分蓄洪区。规划报告再次重申，修建三峡为主体的山谷水库拦蓄洪水，配合其他防洪工程，是解决长江洪水问题的根本措施，应早日实施。

10月1日　水电部颁发"长江流域规划办公室"新印章，即日起原"长江流域规划办公室革命委员会"印章作废。至此，"文化大革命"期间成立的"长江流域规划办公室革命委员会"撤销。

10月　长办提出《太湖水系综合规划要点及开通太浦河计划任务报告》（以下简称《报告》）。《报告》根据太湖水系综合规划的要求，提出治理太湖的主要工程措施：扩建澄锡运河，湖西引江及拉水入江，开通太浦河，开辟金浦河，东太湖沿湖筑堤建闸，杭嘉湖涝水南排，开通红旗塘，续建东导流渠等工程。

11月20日　停工20年之久的江苏省太浦河西段续建工程开工。续建工程自平望新运河以西至太湖边，拓浚长度14公里，同时进行太浦河加固。

1978年

工程于1981年7月竣工,完成土石方517万立方米。

1978年底 长办会同苏、皖两省编制的《滁河防洪规划报告》上报水电部。滁河为长江下游左岸支流,流经皖、苏两省,于江苏六合大河口汇入长江,津浦铁路穿过滁河中游圩区。按照规划,滁河流域建成大中型水库18座,开挖了驷马山引江水道,初步完成了马汉河分洪道及其他工程。1991年6月和7月连续两次发生20~40年一遇洪水。由于已建工程的作用,使洪灾损失大为减少。但因洪水太大,为了保证铁路畅通,仍然破圩分洪。汛后,根据水利部指示,长办与苏、皖两省研究提出《滁河洪水治理意见》。水利部指示要根据"铁路自保"的原则,考虑工情、水情变化,研究进一步治理滁河的方案,进行滁河防洪补充规划。据此,长办于1991年9月上报了《滁河防洪补充规划任务书》。

1978年 长江流域干旱时间长,受灾面积广,是新中国成立以来最严重的极旱年。尤以中下游最为严重,皖、苏、沪、浙、赣、湘、豫、陕、川9省(直辖市)一些雨量站年降水量是近30年的最小值。其中,南京534毫米、上海772毫米、芜湖565毫米,分别为1905年、1892年、1881年有降水资料以来的最少年份。长江中下游大部分地区夏秋降水量只有100~300毫米,比常年同期偏少3~7成。由于梅雨期限短,梅雨量小,许多地区提前进入高温少雨期,日最高气温在35℃以上的日数普遍超过30天。赣北最多达55天。不少地区还出现日最高气温达39~40℃的高温酷热天气。干旱少雨和蒸发量大,使江河径流大幅度减少。不少测站1~10月径流量为有水文记载以来40~50年内的最低值,许多大、中型水库蓄水降到水位以下。全流域受旱面积1.68亿亩,成灾面积0.87亿亩,其中绝收面积0.11亿亩,粮食减产87.2亿元,国家拨付救灾经费0.62亿元,抗旱经费0.8亿元。

江苏省旱情超过1934年。受旱面积5802万亩,成灾面积1334万亩,绝收1270万亩,南京干旱170天,为同期领域之最。

安徽省为近200年未遇之奇旱年。全年受旱面积5500万亩,成灾面积3061万亩,粮食全年总产量比上年减产9.12亿公斤。全省实栽的1800万亩单、双季晚稻中有600万亩严重失收或基本无收。

湖北省出现历史上罕见的伏秋连旱,大部分地市累计干旱300余天。全省干旱严重受灾的有 53 个县,严重饮水困难的人数达 153 万。受旱面积约 3200 万亩,成灾面积 2625 万亩,绝收面积 389 万亩,粮食减产 19 亿斤,受灾人口达 1369 万。当年,湖北省划为长江流域极旱年省(直辖市)之一。国务院先后拨给抗旱经费 8000 万元。

贵州省 6—9 月,除个别县外,全省各地均受到夏旱或夏秋连旱。受旱田地面积 819 万亩,粮食减产 105 万公斤。

四川省受春、夏伏旱的共有 15 个地市 103 个县,受旱面积 5964 万亩,成灾面积 1545 万亩,绝收面积 125 万亩,粮食减产 19.6 亿公斤,全省受灾人口 7400 万。四川省受旱面积和成灾面积居流域本年首位。

1978 年　水电部南水北调规划办公室正式成立。此前水电部曾设立南水北调规划组。南水北调分东线、中线、西线工程。东线工程从江苏省扬州市附近的长江干流北岸引水,供水范围跨长江、淮河、黄河、海河四个流域的下游地区,涉及京、津、冀、晋、皖、苏六省(直辖市);规划工作原由天津勘测设计院负责,淮河水利委员会参加,黄河水利委员会配合;后改由南水北调办公室主持,淮河水利委员会与天津勘测设计院参加。中线工程近期从丹江口水库引水,远期从长江三峡水库引水,供水范围跨长江、黄河、海河三个流域,涉及鄂、豫、冀、京、津三省两市;规划工作由长江流域规划办公室负责。西线工程从长江上游干流通天河及主要支流雅砻江与大渡河的上游引水到黄河上游,再从黄河引水送到西北和华北部分干旱缺水地区,规划工作由黄河水利委员会负责。

1979年 六十八岁

4月26日 由李先念副主席主持,国务院6位副总理、有关7省(直辖市)第一书记,各部委负责人参加,听取林一山、魏廷铮关于长江流域规划及三峡工程的汇报,各位副总理听取汇报后发言,赞成兴建三峡工程。会议决定由林一山主持召开三峡选坝会议。

5月12—24日 林一山主持召开长江三峡水利枢纽选坝会议,51个单位近200人参加了会议。代表们查勘了太平溪、三斗坪两个坝址和荆江大堤后回武昌进行讨论。王任重会见了与会代表并听取了汇报。会上,长办推荐太平溪坝址,经过讨论,未能统一意见。代表认为,以两处坝址的地质条件论,都是好坝址,坝址的选择可不再受地质条件限制,希望长办对各种意见进行分析研究,报请国务院及早把坝址确定下来,为早日开工做好准备;但也有部分代表怀疑修建三峡工程的必要性和合理性。

6月 长办提出《长江中游平原区防洪规划要点报告(征求意见稿)》。这一规划报告是在经过新中国成立30年,长江中下游完成大量防洪工程,防洪能力有了很大提高,新的条件变化的基础上提出的。

①对荆江地区规划,在荆北放淤方案由于种种原因未能实现的情况下,提出上荆江"主泓南移"为主的防洪方案。

②洞庭湖区规划,提出两个阶段的设想,一是在三峡水库建成前的近期规划方案,主要内容包括堵支并流,蓄洪垦殖,电排建设和堤防加固;二是在三峡水库和四水上游控制性水库建成以后的远景设想,主要是整理澧水、沅水、资水的紊乱洪道,使洞庭湖变为由三条东西向洪道分割成的四个大片,围垦目平湖、南洞庭湖、东洞庭湖,从根本上解决洞庭湖的防洪、排灌、交通、灭螺等问题。

③城陵矶及武汉附近规划。为使城陵矶附近超额洪水安全下泄,由洪

湖区和洞庭湖区共同分担蓄洪任务,有必要在螺山兴建12000立方米每秒的洪湖进洪闸,以控制洪湖区的蓄洪水位。武汉地区主要是加高堤防和建设分蓄洪区。

规划报告再次重申修建三峡工程为主体的山谷水库拦蓄洪水,配合其他防洪工程,是解决长江洪水问题的根本措施,应早日实施。

8月　长办提出《上荆江主泓南移规划(草案)》。

9月7—13日　国务院委托水利部在河北省廊坊地区主持召开长江三峡水利枢纽选坝会议汇报会。听取5月选坝会议分组讨论汇报后,经过讨论,仍未取得一致意见。

9月　林一山作为顾问参加了在上海召开的长江口航道整治领导小组第一次会议。会议专门研究了宝钢水运问题,并考察长江口和北仑港的航道情况,提出在上海修建边滩运河方案,以解决宝山钢铁厂的10万吨级船舶的通航水运问题。方案为:从宝钢码头沿着长江南岸通过海塘外的边滩,一直到南汇嘴与海相通,其左岸以一条新海塘使长江和大海隔开。边滩运河全长115公里,底宽250米,顶宽1000米,水深16米。会议将林一山在会上提出的采用修建边滩运河和宝钢港地方案写成《关于宝山钢厂水运问题的报告》提交国务院。

11月15日　水利部向国务院呈送了《关于长江三峡水利枢纽工程坝址选择和做好前期工作的报告》(以下简称《报告》)。《报告》建议按三斗坪坝址开展初步设计工作。28日,向中央报送了《关于三峡水利枢纽的建议》(以下简称《建议》),提出兴建长江三峡工程对长江中下游防洪安全有重大的政治意义和经济意义,对改善中国中部、东部地区的能源构成有重大战略意义。该《建议》说明经过20多年的工作,三峡水利枢纽的技术问题基本清楚;三峡工程投资和移民数量虽大,但单位平均指标较好。《建议》将长江三峡工程作为中国四个现代化建设中的一项重大战略性工程,尽早决策,早日建成。

11月28日 水利部向国务院及国家领导人报送了《关于兴建三峡水利枢纽的建议》。建议将三峡(推荐三斗坪坝址)作为我国四个现代化建设中的一项重大战略性工程,争取在90年代建成,其理由是:①对长江中下游防洪安全有重大的政治和经济意义,新中国成立前的100年中,就曾发生过七次大洪水。1954年后,虽研究过各种方案,但都不能解决问题;②三峡对于改善我国中、东部地区的能源结构有重大战略意义(主要缺电地区是在中部与东部);③经过20多年的工作,许多技术性问题均已基本弄清……④三峡的工程投资和移民数量大,但是以单位千瓦的指标来说,都是比较好的。因此建议中央对三峡工程尽早研究做出决策。并建议:以三峡水利枢纽的前期工作,作为中美技术合作的一个重点项目。

12月5—10日 经国家科学技术委员会和水利部同意,长办主持在武汉召开长江三峡水利枢纽科研预备会。应邀参加会议的有水利部科技局、电力部科技委、地质部、水产总局、交通部水规院、一机部电工总局、水利科学研究院、南京水利科学研究院、华东水利学院、清华大学、武汉水电学院、三三〇工程局等23个单位的代表81人,包括谷德振、戴广秀、陆钦侃、梁应辰、沈崇刚、叶守泽、梁益华等。以前曾于1958年6月、1959年10月、1961年2月召开过三次三峡科研会议,取得了许多科研成果;1978年全国科技大会将三峡科研列为第32项全国重点科研项目;1979年9月,水利部受国务院委托,召开三峡选坝汇报会,决定选择三斗坪为三峡坝址(正常高水位200米),报国务院审批。这次会议,就是在上述基础上召开的。会议总结了三峡科研三个阶段情况:第一阶段,1958—1962年,通过两次科研大会和一系列专业会议,完成了大量科研成果,满足了当时设计工作的需要。第二阶段,从1963年至"文化大革命"时期,1962年底国家科学技术委员会在制定国家科研项目十年规划时,对三峡科研着重安排了结合在建工程种"试验田",如水库淤积、水库预报调度、双水内冷大型水轮发电机组、升船机、深孔泄洪、高压输变电、大跨度地下洞室、人工骨料、核爆等原型或中间性试验。"文化大革命"中除工程防护、水库淤积等少数重大课题外,科研工作基本停顿。第三阶段从1973年开始,遵照周恩来总理提出的葛洲坝工程要为三峡工程作实战准备的指示,按照"三峡着眼,近期着手"的精神,有计划地将能与葛洲坝建设相结合的课题如泥沙淤积、通航建筑物、截流、大型闸门及启闭机、高压输变电设备、机械化施工工艺等列入葛洲坝科研计划，会同有关单位共同开展试验研究，几年来已获得大量科研成果；有些如三峡地区区域稳定性、库坝区工程地质、库区移民等则单独进行。会上提出了21项三峡科研课题草案，会后，编制了三峡科研计划草案上报国家科学技术委员会等上级单位，为三峡科研会正式召开作了准备。

1979年12月24日—1980年1月3日 林一山主持葛洲坝工程技术委员会第十一次会议。会议听取了长办和三三〇工程局的工作汇报，讨论了实现1980年大江截流的条件，包括第一期工程施工质量问题；"葛洲坝工程修改初步设计"大江部分补充报告包括过鱼问题、工程运用管理体制问题。

由于大江截流即将开始，本次会议对于截流前的各项准备工作做了细致检查，截流方案和截流用的机械设备等均准备充分，有关截流临时通航问题，国家计划委员会等单位也根据技术委员会提出的方案作了充分准备。

考虑到截流以后二江泄洪闸即开始行洪，其水下部分的建筑物将接受抗冲耐磨的检验。虽然设计单位早已考虑了解决"球磨机"现象的措施，也考虑了避免泄水部分混凝土气蚀现象等问题，但实际运行情况究竟如何，需要一种有效的检验手段，设计单位长办也做了充分的准备。

会议认为，葛洲坝工程完建后，要进行正式移交手续。关于葛洲坝第一期工程运用管理问题，技术委员会认为葛洲坝枢纽工程关系到通航、发电、泄洪、排沙等综合效益，工程十分复杂，必须精心管理，避免发生安全和降低效益等事故。

关于第一期工程管理体制有三种意见，即由电力工业部管理，或由湖北省管理，或继续由三三〇工程局管理。管理的原则是：统一管理、统筹安排、分工负责、密切协作。以上三种意见，请国务院决定。

这个报告还附上：《电力部关于葛洲坝水电站初期发电后运行管理的意见》、《湖北省革命委员会关于成立葛洲坝水利枢纽管理机构问题的请示报告》和《交通部关于葛洲坝水利枢纽的船闸管理体制意见的报告》。

1979年 林一山提出在上海修建边滩运河方案，以解决宝山钢铁厂的10万吨级船舶的通航水运问题。方案为：从宝钢码头沿着长江南岸通过海塘外的边滩开辟一条运河一直到南汇嘴与海相通，其左岸以一条新海塘使长江和大海隔开。边滩运河全长 115 公里,底宽 250 米,工程总投资约需 19.5 亿元。

    1979 年   为长江口开发整治规划的需要,经水电部批准,长办在江苏省太仓市浏河镇筹建长江口水文实验站。1982 年,实验站基本建成。该站承担长江河口地区水文河道、水质监测等工作。设立徐六泾水文站,以及杨林、崇明岛头、连兴港、灵甸港、六效、共青圩等六个潮水位站。徐六泾水文站断面宽近 6 公里,它的设置为长江干流大通站以下新增了一个长江干流最下游的入海控制性测站。

1980年　六十九岁

2月29日　以美国田纳西流域管理主席大卫·弗里曼为首的美国政府水利代表团一行28人到长办考察访问。长办向代表团介绍了长江流域规划及三峡、葛洲坝工程的有关情况。代表团赴宜昌参观葛洲坝工程,察看拟议中的三峡工程三斗坪、太平溪两个坝址。

3月15日,中美双方在北京签署《中华人民共和国政府与美利坚合众国政府水力发电及有关的水资源利用合作议定书·附件一》。其中第3条款是"中国三峡工程综合利用开发技术的合作"项目,内容包括:①美国于1980年9月派出专家代表团来华,考察三峡工程坝址,讨论三峡工程的规划设计方案。②中国于1980年5月派出专家代表团赴美,考察田纳西河及科罗拉多河综合利用。③通过互访,双方商定水资源综合利用方面和三峡工程科技合作项目,并探讨三峡工程的设计方案。

4月16日—5月16日　水利部组织国家计划委员会、基本建设委员会、农委、中国科学院、交通部、铁道部、电力部、总后军事交通部和湖北、河南、河北、北京4省(直辖市)有关部门及有关流域机构共60余人查勘南水北调中线。查勘团考察了丹江口水库和总干渠线路,听取了长办引汉初步规划和有关省市的情况介绍,对丹江口水库和引汉总干渠陶岔渠首到北京全线进行了查勘。通过查勘,拟定了中线规划的勘测、科研工作内容和进度,商定了各有关单位的协作与分工。

4月　在林一山组织下,长办经过3年的努力,组织流域各省(自治区、直辖市)水电、勘测设计部门包括电力工业部成都勘测设计院、昆明勘测设计院、四川省水电勘测设计院、湖南省水利电力设计院、江西省水电规划队、原水电部三、四、五、八、九局设计院(队)等单位,由长办主编共同完成《中华人民共和国水力资源普查成果(分流域)第一卷·长江流域》普查成果。

普查计算了全流域 1090 条(较 1956 年普查的 410 增加了 680 条支流)大小河流的水能理论蕴藏量为 2.68 亿千瓦,其中 1 万千瓦以上的河流水能蕴藏量为 2.57 亿千瓦,占全流域的 95.8%;长江干流为 9167 万千瓦,占全流域的 34.2%;全流域可能开发的水力资源,单站装机在 500 千瓦以上的 4469 座水电站的设计总装机容量为 1.97 亿千瓦,其中江源至宜宾约 0.9 亿千瓦,宜宾至宜昌约 0.8 亿千瓦,宜昌以下约 0.26 亿千瓦,年发电量为 1.03 万亿千瓦·时;已建或在建的水电站容量在 500 千瓦以上的有 1205 座,设计总装机 1308 万千瓦,年发电量为 611 亿千瓦·时,约占可能开发水力资源的 6%,开发潜力很大。

通过普查,总结长江水力资源的特点有:优越的地形,巨大的落差;丰富而相对稳定的水量;资源遍布全流域,大量集中于上游;可能开发水力资源呈西多东少布局特点。

5 月　长江口航道整治领导小组第二次会议在上海市召开。林一山出席会议并接受上海市提议长办参加上海城市规划和港口规划的工作。长办随即组成上海港规划组展开工作,并提出七丫口、外高桥、金山嘴三处为比较港址。

6 月 20—30 日　水电部在北京召开长江中下游防洪座谈会,这次会议是根据国务院总理赵紫阳的批示召开的。参加会议的有水利部钱正英、李伯宁,湖北省石川,湖南省史杰,江西省周景山,安徽省周骏,江苏省高鉴,上海市刘崇滋,长办林一山、魏廷铮等共 60 人。

会议由钱正英主持,长办在会上提出了《长江中游平原区防洪规划要点报告》及附件、《长江中游平原区近期防洪规划方案》、《上荆江主泓南移方案》等主要报告。

会议代表讨论后,提出的"纪要"明确了如下几个问题:

①为了扩大长江河道泄量,再次重申提高长江重点堤防的防御水位:沙市提高至 45 米,城陵矶 34.4 米,汉口 29.73 米,湖口 22.5 米,南京 10.58 米,上海(高桥)5.18 米(未计台风)。

②根据上述水位,提高标准,增加河道的泄洪能力,遇 1954 年型洪水需要分蓄的洪水由 1000 亿立方米减少到 500 亿立方米,为此要求荆江防洪区

分担 54.0 亿立方米,洞庭湖分担 160 亿立方米,洪湖分担 160 亿立方米,武汉附近分担 68 亿立方米,湖口附近(包括华阳河、鄱阳湖)分担 50 亿立方米等。

③停止对湖泊的围垦。

④继续有计划地研究整治上、下荆江扩大防洪能力的各种方案。

⑤对上荆江主泓南移工程原则上肯定,并列入国务院计划项目。

根据大会意见:1980—1990 年长江中下游防洪工程共安排 34 项,需要 48 亿元,近期以水利部名义申请 10 亿元,由水利部报国务院。

讨论中各省重申早日兴建三峡工程和其他山谷蓄洪水库对中下游防洪的决定作用,钱正英提出在今后几年内根据长江流域几十年的变化,要重新修改补充长江流域规划。

6 月 林一山赴四川省岷、涪、长地区进行查勘,以解决四川盆地岷江以东、涪江以西、长江以北大约 4000 万亩土地的农业发展和水利综合利用,并向四川省委汇报了岷、沱地区规划及开发的步骤。四川省委意见:①四川的农业主要是解决水的问题。林一山提出的方案是一个宏图,如能实现,可解决四川的大问题。②采用经济的办法管理经济,先建电站发电赚钱,再用此钱发展灌区,为国家减少投入。③省委支持林一山的开发规划,希望长办进一步拿出包括岷江上游在内的统一规划和当前要落实的工程、经费等,待工作完备后,再作商议、落实。

9 月,长办副总工程师李镇南带领规划、勘测人员赴岷江上游和都江堰灌区查勘,并向四川省委汇报长办对岷、涪、长地区规划工作的设想。

11 月,长办组织水文、勘测、泥沙、规划、水工等专业 26 人,按专业和地区分为 3 个组赴岷、涪、长地区查勘和收集资料,并提出岷、涪、长地区水土资源平衡的初步意见。

7 月 12 日 中共中央副主席、国务院副总理邓小平在四川省省长鲁大东、湖北省委第一书记陈丕显陪同下,从重庆乘船顺江而下,视察了长江三峡坝址、葛洲坝工地和荆江大堤的防洪形势,并听取了长办副主任魏廷琤关于三峡工程的汇报。邓小平到达武汉后,召集赵紫阳、姚依林、宋平 3 人到武汉研究三峡问题,指出:国务院要召开一次专门会议研究三峡工程问题,三峡问题要考虑,轻率否定三峡不好。

8月，国务院召开常务会议研究决定，由国家科学技术委员会、基本建设委员会负责，继续组织水利、电力及其他方面的专家进行三峡工程的论证。为此，长办为三峡论证会编制了一套资料——《长江三峡水利枢纽论证报告》。

10月4日，林一山参加了国家科学技术委员会、基本建设委员会召开的三峡工程论证会预备会，会议研究和拟定了论证会的目的、课题、规模、时间以及会议筹备工作。25日，国家科学技术委员会、基本建设委员会向国家有关部委、中国科学院、总参谋部、水产总局、长办、川鄂湘3省发出关于召开三峡工程论证会通知，定于12月下旬召开，代表200人，论证目的是三峡工程上不上？何时上？林一山因忙于葛洲坝大江截流，遂建议改在1981年上半年。但此会议并未举行，主要原因是中央领导人对三峡工程态度进一步的明朗，长办遂将主要力量投入到三峡工程设计补充和完善中。

7月22日　中共中央副主席、国务院副总理邓小平在湖北省委第一书记陈丕显、河南省委第一书记段君毅陪同下视察了丹江口水利枢纽，详细询问了丹江口水利枢纽初期工程建成后的有关情况。

10月17日—11月23日　按照中美两国政府水力发电和水资源利用合作议定，中国派出了以水利部办公厅主任、原长办党委第二书记黄友若为团长的10人考察团赴美访问考察。访问期间，与美国三大主要水利系统垦务局、陆军工程师团、田纳西河管理局进行了座谈，参观了一些主要的、有代表性的工程项目，从而了解了美国水利水电方面的动向和技术水平，为中美水利水电合作确定方向。

10月　林一山在江西省副省长张国震的陪同下赴江西省兴国县，对该县的水土保持区划工作进行检查指导。1981年4月，江西省在兴国县召开了有长办、北京林学院、华中农学院、江西农业大学、中国科学院南京土壤所等参加的鉴定会，对《江西兴国县水土保持综合区划报告》进行评审，得到一致好评。同年9月，《光明日报》在头版头条以《全国第一个县级水土保持综合区划在兴国诞生了》为题作了报道。

12月31日 《人民长江报》刊登《葛洲坝工程之最》一文,摘要如下:葛洲坝工程是我国目前最大的水电工程,装机21台,总容量271.5万千瓦,年发电量141亿千瓦·时,为解放初期全国发电量的3倍多;大坝全长2561米,是全国最长的拦河大坝;混凝土浇筑量990万立方米,土石方挖填9000万立方米,属全国水电工程建设中最大;2台17万千瓦轴流转桨式机组,是世界同类机组中最大,其转轮直径11.3米,4个叶片每个重达40吨;电站厂房内一台2X300吨桥机为国内同类型产品中起重量最大;1号、2号船闸是世界最大的船闸之一,闸室全长280米,宽34米,最小槛上水深5米,可通过万吨级船队;2号船闸人字门,每扇门高34米,宽19.7米,厚2.7米,重600吨,是世界上最大最重的船闸闸门之一;二江27孔泄水建筑物是世界上最大泄洪建筑物之一,每秒可宣泄8.1万立方米流量,一孔泄水闸每秒可泄洪3000立方米的流量;泄水闸每孔水道净宽12米,上部装12米X12米平板钢闸门,下部装12米X12米弧形钢闸门,支臂曲率半径20米,弧门轴推力达4100吨,是我国目前最大的挡水闸门,27孔弧门采用的集控装置,是我国目前最先进的;泄水闸闸墩上采用预应力锚链,每链吨位300吨,国内最大;2号船闸活动桥跨距34米,桥高3.6米,提升高度14米,桥体活动部分重约200吨,是国内最大的活动桥;预裂爆破最大孔深26米,最大爆破面6800平方米,爆破总面积10万余平方米,是国内岩石开挖中最高的;混凝土浇筑高架门机,伸臂长62米,架高37.5米,最大吊重60吨,是国内水电施工中最高的门机。

1981年　七十岁

1月1—4日　国务院总理赵紫阳在视察葛洲坝期间，听取有关长江规划和三峡工程汇报后说："三峡的论证还要继续，葛洲坝是三峡的实战准备。三峡工作不能停，要试验论证，三峡总是要搞的，问题是什么时候搞。"

1月3日　7时30分，葛洲坝枢纽大江截流合龙开始。4日19时53分，大江截流顺利合龙，历时36小时23分。最后测得的数据为：截流流量4780立方米每秒，世界第一；截流最终落差3.23米，略超过预测的3米，龙口最大流速7.0米每秒。

中共中央、国务院及有关部门对大江截流成功分别来电表示祝贺。9月，长办设计的葛洲坝水利枢纽大江截流工程的设计、施工荣获"国家优质工程金奖"。10月，截流设计又荣获"70年代国家优秀设计奖"。

1月6—9日　林一山在葛洲坝工地主持召开葛洲坝工程技术委员会第十二次会议。

会议主要讨论有关二江泄水闸安全问题和大江工程布置问题。

会议认为，葛洲坝工程二江泄水闸的安全是有保障的。水电部的代表则提出了在大江保留4孔排沙闸、少装机50万千瓦，以便二江泄水闸万一发生问题时代替部分泄洪任务的书面建议。林一山对此表示，根据长办设计，大江布置冲沙闸的泄洪能力已经达到20000立方米每秒，既可担任冲沙任务，又可承担泄洪任务，事实上大江航道已经具有多用途功能，无须再减少50万千瓦的装机，增加4孔排沙闸。国务院负责人听完各种意见后表示，既然安全，还是应该多装机。据此，技术委员会决定，仍按原来的设计和安排，如期进行大江截流。

会议还就二江泄洪闸的安全、大江泄量和大江布置、大江装机、大江航道建设时机、过鱼及工程监测等问题进行研究并作出相应的决定。

5月5—23日　5日，由水利、水电、交通三部联合工作组组长陈赓仪主持，对葛洲坝一期工程进行蓄水前的中间验收，参加验收会的共140余人。验收结论：葛洲坝一期工程的施工质量符合设计要求，蓄水条件已具备，可以试运行。23日，一期工程下闸蓄水。6月1日，2号、3号船闸分别首次充水。6月15—22日，2号、3号船闸试航成功，27日正式通航。因施工停运半年多的汉渝客运全线恢复通航。

8月20日　国务院副总理谷牧视察葛洲坝工地，指出："葛洲坝工程所担心和争论的重大问题已基本得到解决，其成绩应该肯定。"

10月6日，中共中央副主席李先念视察葛洲坝工地，听取了长办副主任魏廷琤有关葛洲坝工程设计和科研的汇报，当谈到防洪问题时，李先念说："解决长江中下游防洪问题，要修建三峡工程。"

11月4日，国务院副总理薄一波视察葛洲坝工地。在追述了1958年"成都会议"上毛泽东提出修建三峡工程时，薄一波说："三峡工程，当年是周总理挂帅，林一山是个大积极分子，建成了葛洲坝工程，三峡工程也肯定建的成功，只是何时兴建的问题。"他还高度赞扬了葛洲坝工程的伟大。16日，中共中央政治局委员王震视察葛洲坝工地，称赞葛洲坝工程的设计、施工是伟大的，丰富了经验。

9月4—10日　由长办主持的长江流域水土保持工作会议在武汉召开。参加会议的有国家农委、水利部、林业部、农业部和青、黔、川、甘、陕、豫、鄂、湘、赣、皖、苏、浙等省水利局（厅）、水土保持局的负责人和中国科学院南京土壤所、北京林业学院、江西工学院的专家、教授等共28个单位的67位代表。会议主要交流各地水土保持情况和经验，重点讨论长江流域水土流失，重点调查大纲及今后工作意见。会后，综合各省意见，选定在10个省的19个县（13个重点县，6个副重点县）进行水土流失综合调查，调查组分别由水利部水保部门、长江上中游10省及有关科研单位、大专院校组成4个调查小组，于10月上、中旬赴各地进行重点调查。

次年1月，调查组完成外业调查，提交专业报告87份，并将其调查成果汇成了《长江流域水土流失重点县调查报告》。

9月30日　葛洲坝二江电站1号机组并网发电。

葛洲坝水电站设计装机容量271.5万千瓦,年发电量157亿千瓦·时。其中,大江电站装机14台,总装机容量175万千瓦;二江电站装机7台,总装机容量96.5万千瓦。二江电站1号机组是我国第一台自行研究、设计、制造的最大的低水头转桨式机组,也是葛洲坝水电站首台发电机组。2号、3号机组分别于12月15日、31日并网发电,最后一台机组于1988年12月6日投入运行。

11月　长办提出《上海新港规划阶段报告》,建议选择外高桥为上海新港港址,金山嘴作为远景深水港备用港址,放弃七丫口港址。外高桥位于浦东新区黄浦江口附近的南港南岸,前沿10米水深长期稳定,可利用长江和内河集疏运输;地质条件较好,风浪较杭州湾小,陆域可利用滩地回填;离上海市区近,可促进市区向浦东发展。12月,上海市交通部门组织有关单位进行讨论,只有少数单位对长办推荐的方案表示赞同。

1982年 七十一岁

1月20日 林一山主持召开了葛洲坝工程技术委员会第十三次会议。

这次会议是在大江截流一周年之际召开的。一年来葛洲坝第一期工程开始投入运行就经受了严峻的考验。1981年7月宜昌遭遇百年以来最大洪峰流量（7.2万立方米每秒）；枯水期又出现了设计最小通航流量；全年输沙总量多，为大丰沙年；初期运用水位受围堰施工限制而未能达到正常设计水位。这些条件对刚投入运行的一期工程虽然不利，但对工程考验和经验总结是一个极好的机会。

技术委员会多次要求，对已定的大江二期工程方案，要及时吸取一期工程建设和运行经验予以改造。

为此，这次会议的主要议题是：大江航道和1号船闸建设问题；最后决定大江建筑物布置方案；讨论救鱼措施；工程的监测、维修、坝区环境建设规划。

过去交通航运部门对于三江航道能否通航，始终存有疑虑。大江截流前夕，中国航海学会在宜昌市召开"河道渠化船舶航行安全"学术讨论会时，一些专家联名提出：三江航道是不安全的。但是会后不久，三江航道即投入试运行，由交通部副部长陶琦担任试航指挥长，他在完成试航任务回到北京后对林一山说：试航非常顺利、成功。又说：过去我们都不相信三江航道是一条好航道，现在感到十分满意。

关于葛洲坝工程的救鱼问题，技术委员会已作过多次研究。根据国内外经验，鲟科鱼类不能有效通过鱼道；目前尚未找到鲟鱼安全下游过坝的措施；今后修建三峡水利枢纽及长江上游梯级开发后，中华鲟鱼上溯金沙江天然产卵和洄游入海问题更无解决办法。目前不宜仓促修建过鱼建筑物，可在坝轴线下游适当部位预留位置，并扩大各种救鱼措施和设施的研究范围。

根据国务院指示，国家农委于1981年2月召集专门会议，对救鱼问题进行了论证，会议一致认为中华鲟要采取救护措施；青、草、鲢、鳙四大家鱼是否要救意见不一,尚待进一步调查研究后再定;保留救鱼设施的经费预算和建筑位置具体实施方案待进一步研究试验设计后再定。要求有关部门继续研究多种救鱼措施,并拨款进行人工繁殖放流的试验性生产,由水电部负责组建专门的机构执行。其后,葛洲坝水利枢纽中华鲟研究进行人工繁殖放流成功,葛洲坝下游沿江直至河口都能捕捞到中华鲟幼苗。

技术委员会经过十三次会议的工作,已就葛洲坝第一期、第二期工程所有重大技术问题作出决策。对第三期下游工程已作了原则规定,有些问题需待模型试验成果出来后再作最后决定。至此,葛洲坝工程技术委员会已完成历史使命,第十三次会后,再未召开会议。

1981年第一期工程投入运行,截至2011年该工程历经30个洪枯水位的检验。实践证明:葛洲坝工程的设计是杰出的,技术委员会就重大技术问题所作出的决策是正确无误的。这一工程已经誉满国内外。

2月2日 长办向中央、国务院和湖北省报送《关于兴建三峡水利枢纽的补充报告》(以下简称《报告》)。《报告》认为:选用最终规模蓄水位200米方案较合理;大坝、电站一次修建至最终规模,采取分期抬高蓄水位的方式运行;初期运行水位较低,能提前发电,同时移民数量大为减少,有利安置;用发电的收益继续安置移民,逐步抬高蓄水位,增加防洪、发电和其他综合效益。湖北省遂向中央和国务院呈送报告,要求按长办的方案尽快上马。10月7日,国务院副总理万里受邓小平批示率队视察三峡坝址,并听取了长办关于三峡工程的详细汇报。11月24日,邓小平在听取了国家计划委员会关于2000年工农业总产值翻两番的汇报提到准备兴建三峡工程时,说:"我赞成搞低坝方案。看准了就下决心,不要动摇。"陈云、李先念、胡耀邦、赵紫阳等也赞成邓小平的意见。

2月10日 林一山《关于荆江防洪问题严重性的报告》(以下简称《报告》)由长办报送水利部转呈国务院。《报告》根据1981年四川发生的"81·7"大水,指出幸而雨带北移,如果雨带相持不动,宜昌就可能出现1870年11万立方米每秒的洪水,沙市水位将达49米,比现在保证水位高出4.5~5米,荆江大堤将无法保障,直接经济损失会在400亿元以上。长办建议:上游建三峡水库,中游实施上荆江主泓南移。当前,中央应尽快完成主泓南移工程。

林一山在这份报告上还指出：这份报告是经过长办研究计算，经过五次讨论修改定稿的。

林一山针对荆江的危险曾多次向中央和有关部门报告，但至今未采取措施，希望该《报告》经过批准，能付诸行动。

2月17日　全国优秀科技图书授奖大会在北京召开。大会为获得中国出版工作协会1977—1981年度优秀科技图书奖的《水文预报方法》颁发了奖状和奖金。

《水文预报方法》由长办主编，全国15个有关单位的专家、学者参编，它广泛地收集了生产、科研、教学的研究成果及大量资料，系统总结了新中国成立30年来水文预报的科研成果和技术经验，全面反映了20世纪70年代我国水文预报科学技术发展水平。

1979年，林一山曾为该书作序，作为国庆30周年献礼。9月，该书由水利出版社出版发行。

3月　交通部决定由上海市港务局负责上海新港区选址的可行性研究。长办应上海港务局邀请，继续承担外高桥港址前沿河段的变化趋势与城市规划、物资集散问题的研究工作，并提出《关于上海建港问题的意见》（以下简称《意见》）。《意见》认为：上海市区应向浦东发展，在上海南市区建桥，以促进浦东开发和外高桥新港区的建设。

5月，林一山赴上海，与上海市领导就此问题达成一致。

在1988年提出的《长江流域综合利用规划要点报告（修订本）》中，长办再次提出"要进行上海新港区建设，重点建设外高桥港区，促进浦东地区发展，改善上海中心城市的地位和作用。"

20世纪80年代末，朱镕基任上海市长时决定在黄浦江南码头建桥，将上海新港区一期工程放在外高桥，由此揭开了浦东开发的序幕。

1990年4月，中央作出开发浦东地区的重大决策。

4月20日　林一山在《人民长江》杂志上发表《河流辩证法与治河工程》论文。该文论证了利用河流自身的演变规律，因势利导，用较少的经费修建某些指导工程。如：靠河流自身冲刷力量，完成长江荆江河段主泓南移工

1982年

程,以解决荆江堤防险段的防洪问题。该文的发表受到水利界知名人士、清华大学教授、副校长张光斗等人的高度评价。

4月28日—5月17日　林一山在魏廷琤、文伏波等陪同下前往上海、江苏一带考察过鱼建筑,并与上海市政府研究了上海建港、防洪和河口治理问题;与江苏省政府研究了长江南京河段整治、围海造田工程和修建鱼道对水产的影响等问题。

5月26日　由长办设计的葛洲坝工程在1981年经受了截流、通航、发电、泄洪、冲沙一系列考验,特别是泄洪闸经受了超过设计标准洪水的冲击,安然无恙。由此改变了对长办持怀疑态度的人的看法,转而对长办这个机构发生了浓厚的兴趣。林一山就此介绍了长办机构建设的主要经验。①长办专业配套齐全。长办有工人5000名,技术人员4000名,其中,工程师1200人,有100多个专业。②长办重视对技术人才的培养和技术队伍的建设。长办的技术力量在水利水电系统只占5%,凡是有用的人才,充分发挥其才智,委以重任。在20世纪50年代至70年代期间,长办为防洪而进行的蓄洪垦殖工程,大型水利工程的勘测、设计、科研,葛洲坝设计等为我们的技术人员提供了锻炼的机会,培养出大批人才。③发扬技术民主。长办所设计的工程,特别是重大技术问题,在充分发扬技术民主的基础上,经过反复的辩论,一致认为完全无误才出图纸,这样逐级信任、分级负责的办法也用到后来的葛洲坝技术委员会中,产生了较好的效果,并不是单个的技术人员水平特别的高。④加强管理。

5月　林一山将《武汉河段整治报告》呈送水电部并请通报湖北省授权参加,水电部随即致函湖北省政府授权林一山、黄友若代表水电部参加。10月,林一山起草《关于武汉市河道整治、建港和城市规划的意见(征求意见稿)》(以下简称《意见》)分送武汉市、水电部及有关单位。《意见》主要内容:①领导机构。②整治方案。封白沙洲南汊、天兴洲北汊,将武汉河段改为主流偏南的单一河道。确定汉口段河宽为1300~1500米(前提是不抬高武汉最高洪水位),根据河宽限度移动部分堤岸线,以治理河势,改善航运和港区,开发外滩地。③实施步骤,分三期整治。④工程费用采取谁用地、谁投资的办法。⑤技术由长办规划设计,堤岸施工无特殊的技术问题。⑥效益。

林一山早在20世纪70年代就开始了对武汉河段整治的思考,并于1975年将武汉整治方案向交通部、武汉市、长江航道局提出。

武汉河段上起沌口,下至阳逻,长约48公里。为扩大武汉市区、美化市容创造有利条件,在不妨碍长江行洪且有利于稳定河势的前提下,对武汉沿江港口码头进行系统整治,以满足港区必须的水深,并将自白沙洲到天兴洲河段整治后在汉口沿江形成的滩地和汉口市区沿江一线已有滩地纳入城市规划的范围。

1984年3月12日,国务院批准成立了"长江武汉河段河道整治工程技术委员会",林一山出任技术委员会主任。

1985年6月,林一山主持长江武汉河段河道整治工程技术委员会在汉口召开第一次扩大会议,会议对武汉河段50公里长的河道整治工程方案进行了认真讨论,并对武汉市防洪、整治综合效益、投资方法、工程分期实施方案、技术委员会职责和项目实施等问题进行讨论。

8月12日 水电部党组转发中共中央组织部干部任命通知,黄友若任长办主任;林一山改任长办顾问(1975年林一山已任水利部顾问),退居二线。

11月底 根据中央对三峡工程考虑的精神,水电部提出:为了适应2000年工农业总产值翻两番对能源的要求,结合改善长江中下游的防洪和航运条件,应立即着手兴建三峡工程,但建设规模要适当,要适应国情,尽量减少水库淹没。根据长办过去对三峡各种方案的研究,采用三峡正常蓄水位150米较合适。长办应立即编制可行性研究报告,由国家计划委员会组织审查报中央审批,争取1983年开始施工准备,并确定采用三斗坪作为三峡坝址。12月,长办开始了三峡(三斗坪)150米方案的可行性研究报告的编制工作。

12月28日 根据10—11月间中国科学院水生生物研究所、长江水产所均先后发现中华鲟在葛洲坝下产卵繁殖的情况,葛洲坝工程技术委员会委员林一山、杜润生、钱正英等联名向中央写报告,提出:中华鲟的救护措施可以不考虑过鱼建筑物,以免造成浪费;建议继续进行中华鲟坝下产卵场的调查,坝下人工繁殖的研究,网捕过坝作补充措施,严格禁捕等。

1982年　长办对金沙江流域大规模测绘工作完工。为进行金沙江流域规划及解决西南地区用电的迫切需求，长办从1958—1982年间对该地区先后进行了三次大规模的测绘工作，提供了规划设计用图。

第一次，1958—1959年，以航测全能法成图，施测金沙江干流虎跳峡—巴塘段1∶5万比例尺测图，面积约1000平方公里。同一时期为1∶5万比例尺测图需要施测巴塘—虎跳峡的三等三角120点及皮厂—梓里段三等三角99点。

第二次，1965—1966年，进行虎跳峡、硕多岗、老君滩等坝址区、库区测图，计1∶2.5万比例尺测图100平方公里，1∶1万比例尺测图148平方公里，1∶5000及更大比例尺测图25平方公里，大断面145个，并为该地区地震监测二等水准322公里。

第三次，1982年再次施测1∶1万比例尺图2075平方公里，测图范围沿金沙江干流的石鼓—大具及宝山—西林瓦，以及石鼓—维西—西林瓦地区，按国际分幅成图。此外，在1958—1960年，为雅砻江小得石库区两次施测1∶1万比例尺图共464平方公里。

1983年 七十二岁

3月底 长办提出《三峡水利枢纽150米方案可行性研究报告》(以下简称《报告》),并于4月5日上报国家计划委员会和水电部。《报告》对正常蓄水位150米、坝顶高程165米的方案进行了全面研究和论证。坝址定在三斗坪,防洪库容143亿立方米,电站装机容量1300万千瓦。基本结论:150米方案虽不如较高水位方案,但仍有很大的综合效益,技术指标优越,重大技术问题均可获得解决,近期内完全有条件兴建。

4月2日 长办主任黄友若、长办顾问林一山等与武汉市委书记黎智、市长吴官正等查勘金口—阳逻长江段。

5月3—13日 国家计划委员会在北京主持召开了《三峡水利枢纽150米方案可行性研究报告》审查会。参加会议的有同三峡工程有关的国务院16个部委,川、鄂、湘3省,58个科研、设计、施工、电厂及生产厂家等单位,11个大专院校的专家、工程技术人员等共350人。国务院副总理万里、姚依林出席会议。与会的专家通过认真热烈的讨论,审查通过了150米方案。同时指出,对泥沙、航运及移民等问题,还要深入研究。建议国务院原则批准。

6月,国家计划委员会提出《关于对长江三峡水利枢纽工程可行性研究报告审查意见的报告》上报国务院。

1984年4月5日,国务院发文原则批准了可行性研究报告,并要求先进行部分施工前期准备工作,为争取主体工程1986年正式开工创造条件。

8月31日 黄友若、李镇南(长办技术顾问)等9人赴河南省介绍南水北调中线研究的情况,水电部顾问林一山应邀出席了会议。河南省在听取汇报后认为:南水北调中线工程对缓解华北缺水地区工农业生产和城市用水具有战略意义;当前在丹江口水库初期规模情况下,调一部分水是可行的,并希望增加调水量;丹江口水利枢纽大坝加高目前尚有困难,可作为远景。

是年,国家计划委员会将南水北调中线规划列为国家"六五"计划前期工作的重点项目。

12月31日　丹江口水利枢纽自1968年蓄水、发电至1983年的16年间已产生了巨大的经济效益。

防洪方面:以丹江口水库为主体,结合汉江堤防和民垸分洪及杜家台工程的配合运用,初步解除了汉江中下游约800万亩耕地,近500万人口的洪水威胁。其防洪效益主要表现以下四个方面:①保证了汉江遥堤的安全;②减轻了民垸的分洪机会;③减少了杜家台分洪区的运用,增加了杜家台分洪泛区及沿江洲滩的土地利用;④由于水库的拦洪削峰,多次避免了与长江洪水的遭遇。

发电方面:丹江口水电站已成为华中电网的骨干电源,是主要调峰电站,担负40%左右的调峰容量。该水电站还担负着调频、事故备用、系统负载备用其电量为5万~6万千瓦任务,对保证系统周波合格和稳定运行,提高供电质量起着重要作用。到1983年已累计发电524.55亿千瓦·时,按实际售价,产值为14.69亿元,相当工程造价的1.79倍。

灌溉方面:通过清泉沟、陶岔两个渠首引水灌溉湖北三北地区和河南刁河灌区, 设计灌溉面积360万亩。到今年底两灌区有效灌溉面积达159万亩,促进了农业的发展,初步改变了历史上缺水低产的落后面貌。

航运方面:库区航道得到较好的利用,丹江口至郧县107公里已成为优良的深水航道,下游河道水位流量变幅显著减小、水流归槽、浅滩减少、航深增加,襄樊以下可维持1.5~2.0米水深,平均流量变小,航运周期缩短,80年代初汉江中下游货运量比建库前增加6倍。

养殖方面:养殖事业发展不快,但捕鱼量逐年增加,1969年为8.8万公斤,1982年增至178.2万公斤,加上网箱养殖共约207.5万公斤。

1984年　七十三岁

2月17日　国务院总理赵紫阳在北京主持召开国务院财经领导小组会议,万里、姚依林、田纪云、方毅、谷牧、张劲夫、吴学谦、王丙乾、宋平、胡启立、郝建秀、王任重、杜星垣等中央领导和各部委负责人出席了会议。会议讨论了水电部提出的《建议立即着手兴建长江三峡水利枢纽工程的报告》,赵紫阳在会上明确以下几点:①工程规模定为正常蓄水位150米,坝顶高程加高10米至175米;②抓紧施工准备,争取1986年正式开工;③资金多渠道筹集;④成立三峡工程筹备领导小组;⑤1984年先在政治局、人大常委内讨论,1985年向人大作报告,号召全国人民支援三峡工程建设。

3月　《长江志》编纂委员会在武汉成立,并举行了第一次会议。编委会名誉主任林一山,主任黄友若,副主任文伏波、丁福五、杨贤溢,委员由长办及流域各省(直辖市)水利厅(局)及长江航务管理局的代表共31人组成。总编洪庆余,副总编王咸成,另聘请10余位专家、学者担任顾问。第一次会议审议通过了《长江志》筹委会工作报告、编委会暂行工作条例、编纂体例和篇目等。

2007年4月,《长江志》7卷25篇1000余万字的巨著由中国大百科全书出版社正式出版,前后历时20余载,投入人力数百,成为当代治江工作的科学总结和资料总汇。

4月28日　根据国务院财经领导小组关于开展三峡工程筹备工作的决定,国务院三峡工程筹备领导小组在北京成立。组长由副总理李鹏担任,副组长由宋平、杜星垣、钱正英担任,成员由国务院有关部委及湖北、四川两省负责人组成。在当天举行的领导小组第一次会议上,听取了钱正英关于三峡工程准备工作的情况汇报,并对近期需要研究决定的重大问题作了初步安排。

5月12日 李锐写信给中央《关于三峡工程的意见》。信中认为："关于三峡工程，中央已经定案，但急于动工，马上作施工准备则是不合适的。问题始终在于国力是否适应，三峡是否最佳方案或独一无二的方案。"还认为：①投资不落实，且会影响其他水电建设；②泥沙淤积、航运、移民等重大技术问题还未落实。信中推荐了一个用20个水电站代替三峡工程的方案。

6月18日，林一山向邓小平、陈云等中央领导人写了报告，对李锐5月写信中所提问题提出了看法，认为：①关于投资问题：按国家计划委员会对三峡可行性报告的审查意见，三峡工程费加上移民费约140亿元（按1983年不变价格），即使投资全部由发电承担，其发电指标仍非常优越。如果考虑到防洪、航运等需要，就更应该兴建三峡工程，根本不存在"挤掉其他水电工程"的问题。②关于泥沙问题：根据长江水利水电科学研究院和北京水利水电科学院进行的水库淤积电算成果，即使不考虑上游水库拦沙的作用，三峡水库将在建成约70年后达到冲淤基本平衡，那时仍可基本保留全部有效库容，也不会出现比目前天然航道条件还差的碍航问题。③关于航运问题：在葛洲坝建设中经过长期反复研究讨论，有了比较成熟的经验，通过与交通部门协商，可以得到合理解决。④关于水库移民问题：150米蓄水位方案共需移民33万，其中农村人口约15万。解决的方法就是将三峡的移民费用除去建房等生活必需外，主要用于移民工程建设，发展生产，让移民尽快富裕起来。报告中还指出，三峡工程从开工至发电的时间，并不比李锐推荐的那些项目慢。

6月4日 长办提出《荆江大堤防洪工程主泓南移研究报告（补充稿）》上报水利部。

1975年长办曾第一次提出主泓南移工程规划报告，主要是解决沙市—文村甲和马家寨—柳口荆江大堤上两个险工段洪水冲刷大堤威胁荆江地区安全的问题。在1980年长江中下游防洪会议上得到原则肯定，并已列入国务院计划项目。但是由于有关单位认识不一致，该项工作一直未能进展。

1982年初，林一山又以个人的名义向国务院递交了《关于荆江防洪问题严重性的报告》，建议中央尽快兴建荆江主泓南移工程。同年8月，长办又一次提出《上荆江主泓南移研究报告》。12月，水电部派规划院、水管司、计划司负责人到武汉听取汇报，提出意见。

6月25日　国务院向水电部和鄂、豫两省下达《关于解决丹江口水库移民遗留问题的批复》，原则同意水电部，鄂、豫两省协商提出的10年内逐步解决丹江口水库移民遗留问题的规划意见；同意在发动群众自力更生、艰苦奋斗的同时，由国家筹措一笔解决丹江口水库移民遗留问题的专项经费，总额控制在3亿元以内，分10年安排。并对经费来源、规划实施安排、移民建房材料等问题提出具体意见。

国务院的此项批复，推动了丹江口水库移民问题的解决。

7月19日—9月9日　林一山以全国人大常委的身份偕同石铭鼎、杨世华、王衍洋等一行赴黑龙江西北部、吉林省西北部及南部、内蒙古东部进行了以土地利用为主的考察。通过考察，他指出：我国的牧区草原如果以农业耕种的方式经营牧业，如：种一亩玉米所获得的秸秆（3000~4000斤）等于种草（一亩产鲜草300~500斤）的10倍，土地资源将得到充分的利用；林业也应以农业方式经营，把森林规划成方块，周围用农田隔开，在林区适当发展农业，林农结合既有利于森林管理、森林防火，又可改善生活、巩固边防；东北林区采伐过度，要加强育林，使青山常在。

考察时，林一山对当地农、林、牧、副、渔如何因地制宜，综合治理，既提出发展方向，又谈到具体的改造措施，当地的干部、群众无不加以赞赏。

10月8日　中共重庆市委、市政府向中央提出《对长江三峡工程的一些看法和意见》（以下简称《意见》）。《意见》认为：三峡大坝150米方案的回水末端在重庆以下的洛碛与忠县之间，使重庆以下较长一段天然航道得不到改善，万吨级船队难以直达重庆，希望在最后确定正常蓄水位时要充分考虑发挥长江的潜在航运效益；长办在1984年1月向中央上报的三峡正常蓄水位180米方案综合效益大，基本解决川江航运问题，便于重庆港的建设与发展，建议中央予以考虑。

11月7日，中共重庆市委、市政府再次向中央、国务院提出了这一建议。

11月9—20日　国务院副总理李鹏率国家有关部委领导和在成都参加三峡工程科研会议的部分专家、代表从重庆乘船顺江而下，视察了三峡库区及坝址和葛洲坝工程。李鹏听取了国家科学技术委员会、长办及各方面专家的汇报。14日,李鹏等抵达武汉,视察了长办、长江水利水电科学研究院,观看了模型试验。李鹏在视察时说:长办职工在十分艰苦的条件下,长期为三峡水利枢纽的建设进行大量的、深入细致的准备工作,现在提出的三峡水利枢纽设计方案是建立在充分可靠的基础上的。李鹏明确指示,要求在半年时间内加强做好有关150米方案与航道科研工作,向中央汇报。

1985 年　七十四岁

4 月 18—19 日　林一山作为国家验收委员会副主任委员参加了葛洲坝水利枢纽二江、三江工程的验收,验收后的二江、三江工程正式移交运行单位管理。二江、三江工程是葛洲坝水利枢纽工程的关键组成部分,能独立发挥工程效益。

6 月 1 日　退居二线的林一山向邓小平写了关于荆江防洪问题的报告,着重提出荆江防洪至今仍没有从根本上解决,为防止特大洪水冲溃荆江大堤,建议尽早实施荆江主泓南移工程措施;在工程未实施以前,应组织力量加高加固荆江大堤。对林一山的报告,中央十分重视,国家计划委员会在《关于请审批湖北荆江大堤加固工程补充报告》中,要求湖北省抓紧提出荆江大堤险工段加固方式,争取早日实施。但林一山的荆北放淤和主泓南移两大计划未能实现。正如林一山所说:"荆北放淤和主泓南移作为一种主张和历史纪录留作后人参考吧!"

6 月 6—12 日　长江武汉河段河道整治工程技术委员会主任林一山在汉口主持了长江武汉河道整治工程技术委员会第一次扩大会议,出席会议的有有关单位领导和 20 余位高级工程师。会议对武汉河段 50 公里长河道整治工程方案经过充分讨论取得一致意见:①整治方案对武汉市防洪的考虑是慎重的。②整治方案的综合效益很大,可以使河势稳定,保证航运畅通,并为城市中心区提供 30 余平方公里的高地。③整治方案采用谁用地、谁用岸线、谁投资建设的方法,治河工程本身原则上不要国家专门投资。④为保证技术上的稳妥可靠,整个工程分期实施。前一期工程的实施可以为验证补充下一期工程创造经验。⑤参考葛洲坝工程技术委员会经验,武汉河段整治工程技术委员会向湖北省和中央负责。设计由长办承担,施工采用招标方式进行。

10月 长办对丹江口以下的汉江河道进行第四次综合调查(前三次分别是1959年10月、1976年3月、1980年10月)。查勘范围除第二次为丹江口—碾盘山河段外(资料收集到仙桃),其余三次均为丹江口—汉口段。第一次调查目的是在丹江口大坝截流前,对天然河道状况作一次全面了解,提出建坝后的冲刷观测方案。第二次调查是对建坝后17年(1960—1976年)的冲刷范围和过程初次作定量描述,并论述冲刷发展过程中丰富的河床变形现象和相应的理论认识,提出此后的全面观测意见。第三次和第四次是在第二次的基础上,为推进观测研究进行5年一次的现场系统勘测,并着重了解几年大水特别是1983年特大洪水后的下游河道冲淤变化。

12月 中央电视台主编的《话说长江》由中国青年出版社正式出版发行。该书以电视系列片《话说长江》解说词为基础改编而成,它被誉为"长江百科全书"并列入《祖国丛书》,作为向广大青年进行爱国主义教育的读物。

1983年夏,林一山曾受中央电视台之邀,担任《话说长江》电视系列片的顾问。

1985年春,林一山在《话说长江》出版前,借此图书抒发一位长江人对长江的爱、对祖国的爱。他说:长江这么一幅气象万千的画卷,无论用什么形式去表现她,都自然会受到人们的赞叹。《话说长江》宣传的是长江的新建设,歌颂伟大的新中国,既体现了万里长江的自然风貌,又反映了千百年来,特别是新中国成立以来英雄的长江儿女,在改造自然、改造社会中的伟大创举。我深信,年轻的一代,一定会有更多的人投身于长江的建设事业,也一定会把长江建设得更好。我们应当运用多种形式,进一步宣传长江,帮助人们了解这条伟大的河流,进而更爱长江、建设长江。

1986年　七十五岁

1月　林一山撰写缅怀周总理的文章《周总理带病主持最后一次葛洲坝工程会议》。

文中说,周恩来总理去世已经10周年了。回忆在总理生前20年的时间里,我有幸经常聆听他的教诲,尤其是1972年11月上旬,周总理带病主持最后一次葛洲坝工程会议,令人毕生难忘。这次会议的过程,充分体现了他为了国家大事日夜操劳、呕心沥血、鞠躬尽瘁、死而后已的崇高精神。

总理这次带病(1972年春,周总理被确诊患膀胱癌)主持葛洲坝工程会议,对有关工作做了最后的细致安排。他决心克服困难先建成葛洲坝工程,"为三峡工程作实战准备"。他深知要完成毛主席赋予的修建三峡工程的任务,也同完成其他重大革命任务一样,都必须走一段艰苦奋斗的坎坷道路,才能创造有利条件。今天,他所担心的葛洲坝工程,由于党中央的重视和他的正确决策,已经基本建成了,他决心把葛洲坝工程作为三峡工程的实战准备的目的也达到了。

当三峡工程正式开工之时,我们就可以告慰周总理在天之灵。我们决不辜负周总理的期望,一定要使周总理精心领导部署20多年的宏图伟业尽快变成现实。

1月　长办提出《清江流域规划补充报告》(以下简称《补充报告》)。该报告是长办从20世纪50年代起在林一山的领导下所进行大量勘探、水文、科研、规划工作的基础上,于1984年完成初稿的。《补充报告》提出了清江流域四级和三级开发两个主要方案,并推荐三级开发方案(三级为高坝洲、隔河岩、水布垭)。三级开发方案中隔河岩枢纽综合效益大,有利于和葛洲坝就近联网,推荐为清江开发的首期工程。高坝洲是隔河岩下游的反调节枢纽,建议和隔河岩同期兴建。

5月15日　国家科学技术委员会在北京召开全国科学技术奖励大会，对新中国成立以来第一次评定的国家级科学技术进步奖给予奖励。受奖项目共1761项，主要包括了1978年第一次全国科学大会以来所完成的重大科技成果，其中特等奖23项，包括从新中国成立以来完成的特别重大的有特殊贡献的科技进步项目，长办和葛洲坝工程局等单位的"葛洲坝二江、三江工程及其水电机组"获得特等奖。该工程采用多学科研究解决了在大流量，宽河道，复杂地质、河势和泥沙条件下修建巨型枢纽工程的一系列技术关键问题，其水电机组的单机容量、尺寸、推力负荷等都达到世界先进水平。

6月2日　中共中央、国务院以中发〔1986〕15号文下发了《关于长江三峡工程论证工作有关问题的通知》（以下简称《通知》）。《通知》指出："三十多年来，我国有关部门和科学技术人员对三峡工程做了大量的勘测、科研、设计工作，积累了丰富的资料，国务院也曾多次组织专家讨论并原则批准过三峡工程可行性研究报告。但是，这一工程还有一些问题和新的建议需要从经济上、技术上深入研究，以求更加细致、精确和稳妥。"《通知》决定由水电部广泛组织各方面的专家对三峡工程问题进行深入论证，重新编制可行性报告；国务院成立三峡工程审查委员会负责审查新编的报告，再经国务院审查，转报全国人民代表大会审议。

6月19日，水电部成立由钱正英为组长的三峡工程论证领导小组。论证工作分10个专题，设14个专家组。至1988年底，14个专家组陆续提出了全面综合论证报告，长办根据论证结果，重新编制可行性研究报告，并上报国务院。

6—12月　水电部部长钱正英在北京召开了三次三峡工程领导小组会议。会议明确了由长办负责重新编制《三峡工程可行性报告》，研究了论证的内容，听取了14个专家组的汇报和部分政协委员不同意兴建三峡工程的意见。

李鹏在会议纪要上批示：同意按此论证下去。

10月30日　为解决丹江口库区天河口一带的移民遗留问题，长办库区处常鑑豪提出可在当地就地取材建一座长220米、高23米、底宽140米，顶宽 15 米的沙坝,挡住汉江洪水倒灌,结果取得成功。当时已逾 75 岁高龄的林一山踏上沙坝坝顶高兴地说:"沙坝的建成,在我国水利史上是个创举,在长江流域 13 省市的水利工程中,这是建成的第一座沙坝。"

10 月　长办顾问林一山参加了长江科学院建院 35 周年庆典大会并讲话。该院在 35 年中成绩突出,共完成 150 余项工程的科学试验,提出各类成果报告 4000 余篇,为长江水利水电建设作出了贡献,特别是葛洲坝工程兴建时所做的贡献。

11 月 6 日　林一山为黑龙江水利厅创办的《水利天地》杂志创刊号题词:"水利大天地,天地贵水利",祝水利天地创刊。

1986 年

1987年　七十六岁

1月15日　清江隔河岩水利枢纽工程开工。隔河岩位于湖北长阳县长江支流清江上。主要任务是发电、防洪、航运,水库正常蓄水位200米,总库容34亿立方米,防洪库容22亿立方米。枢纽由大坝、电站、升船机组成。该工程同年12月15日截流,1993年4月10日下闸蓄水,同年5月4日第一台机组并网发电。1995年工程全部竣工。至此,清江流域水电滚动开发步入了新的历程。

3月16—20日　钱正英、陆佑楣、潘家铮在北京主持召开水利部三峡工程论证专家组组长联席会议,出席会议的有川、鄂、渝三省(直辖市)和交通部、清华大学、武汉水利电力大学、长江流域规划办公室等单位代表共80余人,会议重点研究水位方案。经过讨论,推荐采用一级开发、一次建成、分期蓄水、连续移民的建设方案作为下一步论证工作的初选方案。方案的具体内容:①坝址三斗坪;②坝顶高程185米;③最终蓄水位175米;④移民安置区安排在180米水位的回水线以上;⑤工程全部建成时,初期正常蓄水位156米,移民按160米考虑,初期蓄水阶段防洪运用水位为160米,不考虑超蓄;实现初期蓄水位达到175米的间隔时间建议暂定10年(第四次领导小组会上,交通部代表希望再短一些),移民工作不中断,连续进行;该方案可作为可行性报告阶段论证工作所采用的方案,各专家组在此基础上进一步开展论证。

4月7—20日　三峡工程论证领导小组第四次会议在北京召开,会议由钱正英、陆佑楣、潘家铮主持,130余名专家参加了会议。此次会议审议了三峡工程论证阶段选择水位方案。12月17—25日,由钱正英、潘家铮在北京主持召开了第五次会议,有120余位代表参加。此次会议审议并原则通过了地质地震、水文、机电设备三个专题的论证,认为其深度达到可行性报告要求。

5月5日 长办获得由国家计划委员会批准、水电部颁发的"国家甲级工程勘察证书"、"国家甲级工程设计证书"。国家计划委员会认为长办具备承担大型工程勘察、设计能力。甲级勘察任务的范围：大型水电工程的地质、勘探、测量与水文测验工作；按国家计划委员会规定的其他行业的甲级勘测工作，水利水电工程的基础处理及工业、民用建筑的岩土工程等。甲级设计任务范围：大型水利水电工程设计。

此外，还批准超过水利水电工程范围的勘察、设计任务，乙级范围的有水运、铁路勘测工作；乙级范围的水运、公路、铁路、人防工程、建筑工程及市政工程设计，送变电设计及丙级火电工程设计等。

7月9日 林一山为湖北江陵广播电视局主编、中国广播电视出版社出版的《荆堤巍巍》一书题词：因势利导，改造荆江。1988年5月2日，又为该书作序，简要叙述了"荆北放淤"和"主泓南移"的主张。

8月 林一山在首次西部引水考察16年后，又进行第三次考察。这是由于1972年底，受周恩来总理之命，担任国务院葛洲坝工程技术委员会负责人，全身心投入葛洲坝工程的修改设计，无暇顾及此事。1981年葛洲坝大江截流完成。1982年1月葛洲坝二期工程建设方案在工程技术委员会最后一次会议（第十三次会议）上审定，这个工程大局已定。此后，林一山退居二线担任顾问，又参与一段时间的三峡工程论证工作，到80年代，三峡工程又逐渐走上轨道，才又进行西部南水北调的研究。

10月 为祝贺陆水试验枢纽管理局成立40周年，林一山欣然题词：陆水试验坝的成功为中国水工技术革命打下了基础。

12月29日 长办向水电部上报《长江江源地区考察报告》。为了进一步了解长江源头"三无区"（无图、无路、无人）的基本情况，在林一山的亲自策划和组织下，曾于1976年夏和1978年两次对江源地区进行探查，对长江干流长度进行量算、复查、校正，经过数月考察获得江源地区第一手资料。

长办就探查所获资料,通过分析研究并就有关问题征求国内有关专业部门和专家的意见,最后写出了这份报告。该报告明确了如下问题:①江源问题。经过综合分析比较,认为长江河源主要有三个水系:沱沱河、当曲、楚玛尔河,建议长江定为三源,沱沱河为正源,当曲为南源,楚玛尔河为北源。②长江干流长度问题。长办对长江干流长度全部进行量算,加上合理的误差因素,长江干流长度仍维持6300公里的提法。报告内容还包括江源地区的地质、气象、水文、水系、冰川、冻土、温泉、植被、生物、地区概述、江源地区图、江源考察成员名单等。

1987 年 葛洲坝工程技术和科研工作小组自1972年11月至1987年间,在国务院葛洲坝工程技术委员会领导下,由长办水文、勘测、设计、科研人员对工程中的关键技术问题进行了大量工作,先后组织了全国性技术讨论会66次,与会人员2739人次。其中综合技术类12次,参加人数423人次;建筑物稳定及地基类8次,参加人数475人次;河势泥沙类7次,参加人数421人次;水工及水力学类4次,参加人数109人次;外部观测内部观测2次,参加人数97人次;大江截流类4次,参加人数212人次;金属结构类16次,参加人数347人次。会议判明了各项重大技术问题实质,找出了解决问题的基本途径,先后提出了修改初步设计和单项技术设计,共出图纸2.8955万张,计算书1475本,技术报告和总结347份,为工程建设作出了贡献。

这段期间,施工单位、航运部门、水产部门、高等院校、制造厂家和国内许多科研单位都积极参加科研协作和技术攻关,和长江科学院一起共提出科研成果1120本(泥沙、水工478本,土工、岩基274本,材料结构和振动爆破290本,机电40本,鱼类及其他38本),内容丰富,使许多学科赶上世界水平或在某些方面有所突破,使我国水利科学技术发展到一个新的阶段。

1988年　七十七岁

1月21—26日　三峡工程论证领导小组在北京召开第六次会议，出席会议的代表110余名，由钱正英、陆佑楣主持。会议审议并原则通过三峡工程枢纽建筑、施工、投资估算三个专题论证报告。代表们还提出了三峡工程建设结合南水北调中线引水的问题。

2月23日—3月1日，三峡工程论证领导小组第七次会议在北京召开，出席会议的代表140余人，由钱正英、陆佑楣、潘家铮主持。会议审议移民、生态与环境、泥沙三个专题论证报告并原则通过。

4月22—30日，三峡工程论证领导小组第八次(扩大)会议在北京召开。出席会议的有140余位代表，由钱正英、陆佑楣、潘家铮主持。会议审议了防洪、电力、航运三个专题的论证报告，绝大多数代表同意。

1月　林一山为《江源首次考察记》作序。该书著者石铭鼎于1976年和1978年两次参加了长江源头的考察，通过亲身经历撰写了该书，并请江源考察的策划和领导者林一山为该书作序。

林一山在序中说，长江究竟发源在哪里？以往的史籍和地图上虽有种种表述，但由于从未有人真正深入青藏高原腹地对长江源头进行实地探查，因此，对于这个问题始终得不到一个确切的解答。新中国成立后，我主持长江流域规划工作，总想利用一切可能的机会，弄清长江源头这片祖国"无图"地区的情况。1976年，在兰州军区的全力支持和有关单位的积极配合下，我们终于实现了对祖国第一大河——长江的源头考察。像这种规模较大的、以河流为主的综合性考察，在江源的历史上还是首次。

考察的主要收获：有8位同志(石铭鼎是其中之一)骑马深入雪山谷地，到达沱沱河源头各拉丹冬雪山西南的姜根迪如冰川，揭开了源头之谜；证实了沱沱河上段确实由南向北切穿祖尔肯乌拉山，然后才折转东流，纠正了过去认为沱沱河发源于祖尔肯乌拉山北麓的错误；对江源主要河流进行了考察，经过分析比较，确定沱沱河为长江正源；重新量算了宜宾以上长江长度，长江全长由5800公里更正为6300公里，超过密西西比河，成为世界第三长河。这次考察引起了国内外的广泛关注。

1978年，在第一次考察的基础上，又组织了第二次江源考察，江源地区的自然地理特征和主要河流情况已大体明了。当然，我们组织的江源考察只是首次探查，对一些问题还不能作更深入的研究。但毕竟开了个头，为今后的研究创造了一些条件。我们希望今后会有逐步深入的研究成果，这对江源地区的开发和利用是十分需要的。

本书作者的实地考察研究成果和有关科研资料，具有一定的科学价值，读者阅读后会获得江源地区涉及地学领域多方面的科学知识；作者在书中还提出了江源地理的一些疑点，这对进一步探索研究江源地区也是有所裨益的。

5月2日 由江陵广播电视局编写的《荆堤巍巍》于1988年10月出版。林一山作为荆江工程的提出者和指挥者受邀为《荆堤巍巍》作序。林一山在序中提出，新中国成立以来，荆江大堤的加高加固等工程确实有显著成效，但是荆江近40年的治理，只是一般性的治标工程，还没有从根本上解除荆江洪水的危险。当时我们已经认识到，北岸分洪是一项治本工程，后来之所以又选择了南岸的分洪方案，是因为当时我们还不具备兴建高水头泄洪闸工程的技术条件。现在唯一的希望，是用"主泓南移"方案代替北岸分洪放淤工程与农业大增产方案，以减少阻力。这是一项投资较少的工程，也是一项治本的工程。希望政府宣传并支持荆江主泓南移工程方案，争取在近期（数年到十年之间）使北岸临江大堤与长江主泓之间开始有一条较宽的滩地，初步结束南高北低的险情。为争取主泓继续南移，北岸滩地应继续展宽，从根本上解除荆江改道的威胁，并配合三峡工程彻底解决荆江、洞庭湖的防洪问题。

5月8—14日 水利部会同能源部在北京召开长江流域综合利用规划要点修订补充工作座谈会。参加会议的有国务院有关部、委、局、办和科研、规划设计单位、流域各有关省市的代表共240人。座谈会对长办提出的《长江流域综合利用规划要点修订补充纲要》（以下简称《纲要》）进行了讨论审议,认为该《纲要》内容基本符合国家批准下达的《任务书》的要求,希望长办根据座谈会的审议意见尽快修改完成并上报。会议还决定将正式上报的报告定名为《长江流域综合利用规划要点报告(1988年修订)》。根据座谈会提出的意见,长办于11月编印完成《长江流域综合利用规划要点报告》附图51幅,12月完成《长江流域综合利用规划要点报告(1988年修订)》。1989年5月,长办将该报告上报水利部审查。

6月14日　长办主任魏廷琤参加第十六届国际大坝会议,并在大会上介绍了三峡水利枢纽工程,对不少人心存疑虑的水库移民问题作了系统阐述,提出移民规划的三项原则:①三峡工程185米(坝顶高程)大坝一次建成,分期蓄水,第一次蓄水位156米,相应的移民人口在前11年限制在40万的水平,较易实施。②采用开发性移民,做好接收移民地区的经济发展规划,改变社会经济结构,同时提高接收移民地区老居民和新移民的经济收入和生活水平。③充分发挥开发地区的资源优势,提高移民地区的经济效益。

10月上旬　葛洲坝工程技术委员会主任、长办顾问林一山在葛洲坝工地进行实地调查研究,重点考察了葛洲坝下游航道及水流流态等情况。这次实地考察是为葛洲坝河势规划的最后完成及搞好葛洲坝工程的尾期建设搜集资料。

10月　林一山由王锃、王永忠、杨世华等陪同,考察长江下游。这是在《长江流域综合利用规划简要报告(1990年修订)》编制工作进入尾声,着重进行专业规划和支流规划之际进行的。主要是调查了解社会经济发展情况,特别是改革开放以来的新情况,以及河道演变及整治情况、当地对干流河道治理规划的要求等。安徽水利厅檀华芬副总工程师、谢普定工程师,江苏水利厅戴澄东副厅长、袁以海工程师分别陪同参加了各重点考察和座谈。考察从合肥出发,沿途经巢湖、安庆、铜陵、芜湖、马鞍山、南京、镇江、靖江,最后至南通结束,历时10天。在铜陵、芜湖、镇江等地组织座谈,并在马鞍山和南通分别对苏、皖两省江务的考察进行总结座谈。

11月22日　荆江分洪北闸加高加固工程正式开工。1992年7月完工。

11月30日　三峡工程论证领导小组第九次（扩大）会议在北京闭幕。原水电部根据1986年6月中央、国务院联合发出《关于三峡工程论证工作有关问题的通知》精神，广泛组织全国各方面的专家412人分成14个专题专家组，历时两年半进行深入研究论证，14个专题论证全部完成并通过审查。至此，三峡论证工作基本结束。论证的结论：三峡工程"建比不建好，早建比晚建有利"，建议早作决策。推荐采用"大坝坝顶高程185米，正常蓄水位175米，初期蓄水位156米方案"。长办将根据论证结果重新编制可行性报告上报国务院审查。

12月　在湖北省自然辩证法研究会第六届年会上，林一山撰写的《三峡工程准备工作的回顾》一文获优秀学术论文一等奖。

1989年　七十八岁

2月27日　三峡工程论证领导小组第十次（扩大）会议在北京召开。参加会议的有三峡工程领导小组成员及各方面专家、政协有关委员、新闻单位记者共203人。长办总工程师王家柱作了《三峡工程可行性研究报告》的汇报。会议经过4天的讨论，原则通过了可行性报告，潘家铮做了总结发言。会议要求长办对报告做一次全面细致的复核和文字修改，由领导小组审定后上报国务院审查，提交全国人大审议。

4月14日　国家副主席王震邀请参加三峡工程论证工作的13位专家座谈，听取专家介绍论证工作的情况后，说："国务院之所以请各方面的专家和人员对三峡工程进行论证，就是为了做到决策民主化、科学化，大家在论证中提出的意见和建议，对今后三峡工程的决策十分宝贵。"王震对30多年来为开发长江流域做了大量工作的长办专家、职工表示感谢。会后，王震为上三峡工程专门向中央、国务院写了书面意见。

5月　长办根据领导小组审议意见修编完成《长江三峡水利枢纽可行性研究报告》并上报水电部。报告分9章、附图18张。报告提出的主要特征指标：正常蓄水位175米；总库容393亿立方米，防洪库容221.5亿立方米；坝顶高程185米。9月，水利部向国务院三峡工程审查委员会报送《长江三峡水利枢纽可行性研究报告》。

6月3日　长办恢复原名"长江水利委员会"（以下简称"长委"），为水利部派出机构（副部级）。1994年4月和2002年9月，水利部明确长江水利委员会在长江流域和西南诸河（澜沧江及澜沧江以西）范围内行使水行政管理职能。

8月10日—9月13日　已近80岁高龄的林一山带领长委副总工程师文伏波等一行,沿呼和浩特、乌海、吉兰泰盐地、阿拉善左旗、贺兰山、银川、中卫、大柳树坝址、同心、六盘山、西安、成都、汶川、马尔康、小金、丹巴、泸定、甘孜、二郎山、雅安一线,对南水北调西线黄河上游需水地区和岷江、大渡河、雅砻江的引水地区进行考察。经过四次(1971年6月、1971年8月、1987年8月、1989年8月)实地考察,林一山对西部的水情、旱情、地形、水文、气象、地质、社会经济状况及引水措施等有了整体概念:在巴颜喀拉山脉北侧、贺兰山脉西侧的一些地方,分别发现北低南高、西低东高的局部异常地势。这一特殊地理现象的发现,使西线调水才有可能性。

林一山通过实地调查结合内业的分析研究,于20世纪90年代初形成文字的《南水北调西线工程》,其成果:将青藏高原的怒江、澜沧江、金沙江、雅砻江、大渡河五大水系,年约800亿立方米的水量,越过巴颜喀拉山进入黄河,再以黄河大柳树枢纽为总灌渠渠首,通过人工渠系和天然河流低地引向内蒙古西部、新疆东部沙漠地区,此外还可利用引水渠道2000余米总落差每年再获得3150亿千瓦·时的巨量电力。

1996年9月中旬,林一山在中国科学院第六十一次学术讨论会上提出的这项成果,受到科学界和新闻界的重视,并接受《瞭望》杂志采访。

10月8—18日　以能源部总工程师潘家铮为组长,由国家计划委员会、能源部、水利部、交通部等单位代表26人组成的验收组,在葛洲坝工地对葛洲坝枢纽大江工程进行了竣工初验。此次初验系在大江工程挡水前中间阶段验收、大江电厂启动验收、大江冲沙闸和航运工程单项中间验收和单位工程验收的基础上,依据能源部、水利部1988年《水电站基本建设工程验收规程》的规定进行的。

验收组检查了现场,听取了建设、设计、施工、质量监督和运行管理等单位工作汇报和有关专题汇报,并分成航运、电厂、竣工决算、征地移民、下游冲刷防护4个组进行工作。在深入了解情况的基础上通过讨论,正式提出《葛洲坝水利枢纽大江工程竣工验收初验工作报告》(以下简称《报告》)。《报告》指出:葛洲坝大江工程的设计是合理的,施工安装和主要设备制造的质量优良,具有一定的先进水平","葛洲坝大江工程已具备竣工验收条件",建议国家竣工验收委员会于本年第四季度内组织竣工验收。1991 年 11 月

27日,葛洲坝水利枢纽工程正式通过国家竣工验收。

初验组组长潘家铮在初验会上称赞长委说:长委是工程规划设计单位,不仅设计了目前中国最大的水电站,而且在交通部门的协作下,在泥沙、水流、地表条件复杂的葛洲坝设计了世界规模的船闸,这一切说明你们的水平是第一流的。你们敢于向大江进军,敢于迎难而上的精神,以及长期坚持在工地的作风值得赞扬。你们不但要继续搞好葛洲坝工程,而且要继续为长江流域规划,为三峡和其他宏伟的水利工程再作贡献。……希望你们带头为中国水利界知识分子争气。

10月17日 作为葛洲坝工程技术委员会的负责人,林一山在长委招待所欣然接受《人民长江报》记者的采访。林一山在谈到葛洲坝工程时说:"葛洲坝工程是在共产党领导下在长江干流上兴建的第一座巨型水利枢纽。葛洲坝工程的建成并发挥巨大效益,说明我们中国完全有能力兴建任何一座中国人需要的水利枢纽。对于我本人来说,当个工程师还是称职的。"当记者问到葛洲坝工程的主要技术问题是什么时,林一山说:"葛洲坝工程技术难题不是大江截流而是水流流态、泥沙、泄洪消能和水工建筑物的基础处理。……为什么美国人至今不敢在密西西比河干流上做工程? 就是这些关键问题他们解决不了。"林一山在谈及葛洲坝工程提到三峡工程时说:"三峡工程我们做得深、做得细,有能力解决技术问题。葛洲坝工程的建设为三峡工程作了一次实战准备,它妥善地解决了三峡工程将面临的绝大多数最重要的技术问题。国外内行看了葛洲坝工程,对我们建造三峡工程毫不怀疑。因此,何时兴建三峡工程,只等中央最后决策。"林一山一直在做长江的文章,思考着长江的防洪大计,心里还系着南水北调的实施方案。他说:"南水北调西线工程可以引水250亿立方米,相当于半个黄河的年水量。引水过内蒙古贺兰山形成1500~2000米的落差,发电后还可以将内蒙古5000万亩沙漠灌溉成沃土良田。"

通过对林一山的采访,记者无不为林一山的健谈和渊博的知识所折服,他对长江的爱,对水利的爱激励一代又一代的长江人。

1990 年　七十九岁

5 月 15 日　林一山（原荆江分洪工程副总指挥）为荆江分洪工程总指挥部旧址纪念地题写匾额——"荆江分洪工程总指挥部旧址"，由荆江河床实验站用汉白玉雕刻成碑，在旧址左侧小花园内落成。

5 月 29 日—6 月 5 日　全国水资源与水土保持工作领导小组在北京主持召开了《长江流域综合利用规划要点报告（1988 年修订）》（以下简称《要点报告》）审查会。出席会议的有 340 余人，会议听取各方意见后原则同意该《要点报告》，并要求根据会议提出的意见作适当修改再审议。7 月 18 日，全国水资源与水土保持工作领导小组第三次会议由国务委员陈俊生主持召开，会议听取修改小组对《要点报告》的修改汇报，经审议一致同意修改后的报告，并定名为《长江流域综合利用规划简要报告（1990 年修订）》，上报国务院审批。

7 月 6—14 日　林一山作为长委顾问出席了国务院在北京召开的三峡工程论证汇报会，国务院副总理姚依林主持，出席会议的有国务院常务会议成员、中央政治局、中顾委、全国人大、全国政协、民主党派等有关方面负责人 175 人。会议听取了三峡工程论证领导小组副组长潘家铮所作的《三峡工程论证情况的汇报》，指出：两年 8 个月的重新论证工作结束。长委重新编写的《长江三峡工程可行性研究报告》于 1989 年 9 月上报国务院三峡工程审查委员会。会上有 76 位专家、教授、学者及各方人士作了大会发言或书面发言，会议充分肯定了参加三峡工程论证的各方面专家的工作成果，并决定将在论证基础上重新编制的《长江三峡工程可行性研究报告》正式提请国务院三峡工程审查委员会审查。

9 月 21 日　国务院正式批准长委提出的《长江流域综合利用规划简要

报告（1990年修订）》，并明确指出该报告是今后长江流域综合开发、利用、保护水资源和防治水害活动的基本依据。各有关地区和部门要加强对规划实施的监督和管理，制定必要的法规和政策，保证规划的实施。

10月　林一山为《河流》杂志题词：古代文化，源于河流；现代文化，改造河流。

1991年 八十岁

1月18日 长委根据水利部《关于加强南北水调中线工程前期工作的通知》精神,先后派出技术人员69人、全国有关地方各级政府200余人共300人组成13个调查组,于1990年11月15日至1991年1月18日,历时65天,对丹江口水库后期完建工程的各项淹没实物指标进行了测量调查,取得的成果数据得到各级地方政府认可,为制定移民安置规划和估算淹没补偿投资提供可靠的依据。

2月17—18日 国家副主席王震、全国政协副主席王任重邀请13位专家、学者及有关人士在广州举行三峡工程座谈会,听取对三峡工程的意见。此次会议提出:从三峡工程的重要性和迫切性出发,希望中央在"八五"计划和十年规划中早做安排,争取工程在1992年下半年开工,力争在20世纪末、21世纪初开始发挥效益,在2010年全部完成。会议形成《三峡工程座谈会纪要》并上报中央。

2月20—21日 中共中央总书记江泽民主持政治局常务委员会会议,中共中央政治局委员、国务院副总理、国务院三峡工程审查委员会主任邹家华汇报了国务院关于对《长江三峡工程可行性研究报告》的审查意见。会议审议并原则同意国务院关于对三峡工程审查意见的汇报,并请国务院根据会议讨论的意见,对建设三峡工程的有关问题作进一步的研究后,将兴建三峡工程的议案提交第七届全国人民代表大会第五次会议审议。

3月 第七届全国人民代表大会第四次会议通过的《关于制定国民经济和"八五"计划纲要》中,明确提出"八五"期间开工建设南水北调工程。中共中央建议草案中也提出"抓紧进行南水北调工程建设,缓解北方水资源紧缺的矛盾。"

21日，长委下达南水北调中线工程规划工作、设计任务书补充及下一步任务总体工作大纲后，各有关单位十分重视，动员、调配充实专业技术力量，分解目标，落实到位，工作进展迅速。

4月22—27日 第42届国际灌排执委会38位来自美国、加拿大、日本、韩国、澳大利亚、西班牙、英国、德国以及我国台湾的水利专家在北京出席会议之后，在其副主席艾莉·谢蒂先生（加拿大）率领下，赴重庆、宜昌、武汉等地作水利考察。长委派员陪同考察了三峡坝址和葛洲坝工程。艾莉·谢蒂说："我们对三峡工程曾有疑问，参观后始知它举世无双，应早日开工。"

5月10—12日 "长江三峡工程重大科学技术问题研究"项目在北京通过了国家科学技术委员会、能源部、水利部联合组织的验收。验收项目包括：泥沙和航运、地质和地震、水工建筑、施工技术、电力系统、生态环境、防洪和综合利用效益等7个课题、45个专题、365个子题。45个专题中达到国际先进水平的有22项，国内领先水平的21项，其余为国内先进水平。此项研究是在国家科学技术委员会、水利部、能源部的主持下，386个科研、高校、勘测、设计、施工单位联合攻关，先后有3164名科技人员参加，历时5年完成的。

5月14日 长委在武汉举行"林一山治江实践与理论学术座谈会"。党政、技术领导，二级单位负责人、部分专业骨干、青年职工代表和曾任长委要职的离休干部共200余人参加会议，各主要领导和离休干部在发言中赞扬了林一山的治江业绩。

7月9—12日 国务院三峡工程审查委员会在北京召开第二次全体会议审议《三峡工程可行性研究报告》（以下简称《报告》）。审查委员会主任、国务院副总理兼国家计划委员会主任邹家华主持会议。出席会议的有审查委员会副主任、国务委员兼国家科学技术委员会主任宋健及委员等。会议听取了长委主任魏廷铮关于三峡工程可行性研究的综合汇报，听取了10个专题预审主持人关于预审结果的汇报。

8月3日，三峡工程审查委员会在北京召开第三次会议，由国务院副总理邹家华主持。会议一致通过了《关于对〈长江三峡工程可行性研究报告〉的审查意见》,并正式上报国务院,建议党中央、国务院予以批准并提请全国人大审议。建议最后说:经过近40年的工作,三峡工程已到了可以决策和应该决策的时候,再推迟下去,不仅兴建时将付出重大的代价,效益也将相应推迟发挥。三峡工程的兴建,不仅不会影响本世纪内第二步战略目标的完成,而且有助于21世纪初国民经济发展打下坚实的基础。审查委员会也同意《报告》提出的尽早开工兴建的意见,如果资金落实,三峡工程从1993年开始进行施工准备工作,1996年正式开工的建议是适当的。为此,应扩大和加速开发性移民试点,抓紧各项前期准备工作,研究确定筹资方案,并成立高层次协调组织或机构,以领导和协调上述工作。

9月 长委对南水北调中线工程在过去大量规划的基础上,对关键性问题作了补充深化研究,编制出《南水北调中线工程初步可行性研究报告》,含图册、附件及19个专题的研究报告。

10月21日 应三峡工程审查委员会邀请,全国政协副主席王光英率领26位委员组成全国政协视察团,实地考察三峡工程库区和坝址、葛洲坝水利枢纽、荆江分洪区及洞庭湖区等地。

10月下旬 中国科学院学部委员、能源部水电总工程师潘家铮考察清江隔河岩工程时,对该项工程的设计单位长委的工作予以高度评价:隔河岩工程取得很了大的进展,成绩是鼓舞人心的。我印象中的长委有五大特点:①他们为长江的开发治理、为水利水电事业艰苦奋斗,方向非常明确,从来没有动摇。我看到工地的设计人员很多,力量很强,而且队伍很稳定,很安心,做到这一点就很了不起。②他们的力量强、水平高。③他们敢于碰大的、碰硬的,有大无畏的精神。谁敢碰长江呢?长委敢碰。在他们的字典中,没有一个"难"字。④他们敢于采用新技术。⑤他们一贯强调质量,坚持原则。长委的特点体现,延续的是老领导林一山的治江精神和方针。

11月13日 由全国人大常委会副委员长陈慕华为团长的25位委员组成的全国人大常委会三峡工程考察组,先后考察了重庆、宜昌、沙市、公安、安乡、岳阳等地和三峡工程坝址、葛洲坝水利枢纽、荆江大堤、荆江分洪区及洞庭湖区。这次考察的目的是实地调查,听取各方面对三峡工程的意见,为全国人大审议三峡工程作准备。

11月11—16日　水利部水规总院、水利部南水北调规划办公室在北京组织专家对长委提出的《南水北调中线工程规划报告(1991年9月修订)》(以下简称《规划报告》)和《南水北调中线工程初步可行性研究报告》进行审查。审查会原则同意两项报告。并提出建议:①同意长委推荐的丹江口大坝按后期规模一次性加高的近期引汉方案,进一步核实近期引汉方案的可调水量;②同意《规划报告》选定的输水总干渠规划方案,工程实施按一次建成考虑,基本同意输水总干渠近期不结合航运的意见。要求长委对输水总干渠的工程设计方案的一些技术问题和工程投资估算及经济分析评价进一步研究。会议认为,两个报告提出的南水北调中线近期引汉工程方案已经有了基本的格局,各种主要问题已基本清楚,提出的成果可以作为论证、决策和南水北调工程实施计划的基础。

12月19日,长委在武汉主持召开这两个报告的汇报会,向来自水利部、丹江口水利枢纽管理局及6省市有关院校科研部门的60余位代表通报了水利部对两个报告的审查情况,并听取与会者的意见和研究部署下阶段工作。

11月27日　葛洲坝工程大江工程通过国家正式验收。至此,整个枢纽工程全面竣工。

葛洲坝水利枢纽从1981年二江、三江开始发挥效益至今,共安全宣泄4.5万立方米每秒以上洪水24次,发电量超过1000亿千瓦·时,实现利税22.8亿元;船闸客运量为2279万人次,货运量为5874万吨。

12月26日　第七届全国人民代表大会常委会第二十三次会议听取全国人大常委会副委员长、三峡工程考察组组长陈慕华的汇报。考察组经过考察,对三峡工程有了较全面的了解。认为,三峡工程是综合治理和开发长江的关键工程,具有巨大的经济效益和社会效益,其他方案无法替代。考察组一致赞成三峡工程可行性研究报告,建议国务院尽早提交全国人大审议。与会的委员们围绕陈慕华报告进行讨论,认为,从三峡工程的防洪、发电、航运等综合效益来讲,兴建三峡工程是必要的、重要的、紧迫的;三峡工程是兴利除弊、富国强民、惠及子孙的宏伟大业,对这个工程是该作出决策的时候了。

1991 年　在林一山 80 寿辰纪念日,长委在武汉召开"林一山治江思想研讨会",旨在纪念林一山的治江成就。

林一山在领导治江实践中,形成了博大精深的治江思想,在水利界、长委享有崇高的威望。长委以各种形式研究、传承林一山深刻而独特的治江理念。

1992年　八十一岁

3月16日　国务院总理李鹏向第七届全国人民代表大会第五次会议提交了《国务院关于提请审议兴建长江三峡工程的议案》(以下简称《议案》)。《议案》提出,经过几十年的治理实践和对各种意见方案的反复研究、论证,解决长江中下游的防洪问题,必须采取综合治理措施,兴建长江三峡工程是综合治理长江中下游防洪问题的一项关键性措施,同时三峡工程还有发电、航运、灌溉、供水和发展库区经济等巨大综合经济效益和社会效益,对提高综合国力具有重要意义。国务院的议案提出:经过多年的研究、论证、审查,三峡工程坝址选在湖北宜昌三斗坪镇;工程拦河大坝全长1983米,坝顶高程185米,最大坝高175米;水库正常蓄水位175米,总库容393亿立方米;水电站总装机容量1768万千瓦;工程静态总投资570亿元(1990年价格)。

3月21日,国务院副总理邹家华受国务院委托,向第七届全国人民代表大会第五次会议就该《议案》作了说明。

4月3日,第七届全国人民代表大会第五次会议审议国务院提请的《议案》,2633名代表对《议案》进行表决,以1767票赞同,177票反对,664票弃权,25人未按表决器,《议案》获得通过。从而,经全国人大正式批准,将兴建三峡工程列入国民经济和社会发展十年规划,由国务院根据国民经济发展的实际情况和国家财力、物力的可能,选择适当时机组织实施;对于已经发现的问题要继续研究,妥善解决。

4月6日,《人民日报》发表社论《贺三峡工程列入十年规划》。社论指出:第七届全国人民代表大会第五次会议通过一项历史性决议;三峡工程列入国民经济和社会发展十年规划,由国务院根据国民经济发展的实际情况和国家财力、物力的可能,选择适当时机组织实施。从此长达近40年的三峡工程规划论证工作结出丰硕成果,中国历史上最大的水利工程进入具体实施阶段。

4月　《林一山治水文选》由新华出版社出版向全国发行。

这部《林一山治水文选》编选了林一山有关治水方面的论著49篇约50万字。内容包括：毛主席胸中的长江——回忆毛泽东主席为长江建设勾画蓝图；周恩来总理关怀水利建设——回忆周恩来总理领导水利工作的几件事；河流辩证法；关于长江流域的规划问题；水利工程与水工技术革命；黄河水沙资源利用问题等七个部分。

11月　长委完成《南水北调中线工程可行性研究报告》(总报告、报告摘要、附图)及8个附件。

1993 年 八十二岁

1月3日 为确保三峡工程顺利进行,国务院发出《关于成立三峡工程建设委员会的通知》。国务院三峡工程建设委员会(简称三建委)是三峡工程最高层次的决策机构,由国务院总理李鹏兼任主任委员;副总理邹家华、国务委员陈俊生及郭树言、肖秧、李伯宁任副主任委员;全国政协副主席钱正英担任顾问。委员会由国家计划委员会、国务院有关部委的负责人组成,魏廷铮、陆佑楣任委员会成员。三峡工程建设和移民开发的日常工作由郭树言负责。成立中国长江三峡工程开发总公司(1993年9月27日,中国长江三峡工程开发总公司正式挂牌成立)。以后,随国务院换届,三建委正副主任委员和成员亦相应调整。

3月 为贯彻林一山关于葛洲坝枢纽坝区河势规划方案,长江科学院水工所葛洲坝枢纽1:100水工整体模型继续进行坝下河势研究。计划于6月底前完成三个方案的试验,为葛洲坝枢纽下游河势治理的施工设计提供基础资料。

6月 长委编制出版《汉江丹江口水利枢纽初期工程设计总结》。总结的序言中说:"一个享誉中外的著名工程,其设计工作总结在第一台机组发电25年之后才面世,尽管有'文化大革命'等客观原因,也不能不说过晚了些,但它丝毫不影响工作本身的重要性。而且,随着时间的推移,人们更清楚了这一工程的巨大价值,也希望更多地了解它的情况。"

"人们之所以越来越看重丹江口水利枢纽,不仅因为它被实践证明是防洪、发电、灌溉、航运、水产养殖'五利'俱全的优良工程,也不仅因为它曾在锻炼和造就我国第一代三峡工程设计人员方面发挥过巨大作用,更在于它在我国实施'南水北调'伟大计划中的战略地位。"

长委成立初始,林一山就把长江中下游平原的防洪作为首要任务,汉江流域的规划与治理是长江支流中最早进行的。1951 年长委选定丹江口坝址；1958年长委提出《丹江口水利枢纽初步设计要点报告》；1958 年 9 月该工程动工兴建；1962 年因种种原因暂停施工，1964 年复工；1966 年经国务院批准，确定分期开发；1968 年首台机组发电；1973 年初期工程建成。

初期工程满足了最紧迫的防洪、发电、灌溉、航运和养殖的需要，而且初期工程设计考虑了后期大坝加高续建的要求。工程运行 20 余年，发挥了巨大的经济效益和社会效益，曾被周恩来总理誉为我国水利水电建设的"五利俱全"的工程。

为了续建加高工程及其他类似工程设计提供经验和借鉴，长委领导决定，对丹江口初期工程进行较全面、系统的技术总结，以吸取经验提高设计思想和技术水平，在工程的建设过程中，特别注重理论联系实际，重视调查研究，进行勘探、科研、设计、施工四结合，使不少重大技术问题及时得到满意的解决。

　　7 月 26 日　受国务院总理李鹏委托，国务院副总理邹家华在北京主持召开国务院三峡工程建设委员会第二次会议。会议审查并批准了《长江三峡水利枢纽初步设计报告（枢纽工程）》。至此，长江三峡工程建设进入正式施工准备阶段。

《长江三峡水利枢纽初步设计报告（枢纽工程）》是长委根据国务院审查通过的《长江三峡水利枢纽可行性研究报告》及第七届全国人民代表大会第五次会议通过的《关于兴建长江三峡工程的决议》于 1993 年第一季度编制完成。报告共分 11 卷 300 万字，包括综合说明、水文、地质、规划、枢纽布置和建筑物设计、机电、施工、概算、工程泥沙问题、经济评价、环境保护。

会议审查批准的《长江三峡工程水利枢纽初步设计报告（枢纽工程）》中长江三峡工程建设采用：①"明渠通航，三期导流"的施工方案；②单机容量 70 万千瓦（原是 68 万千瓦），装机总规模 1820 万千瓦（原为 1768 万千瓦）；③年平均发电量 847 亿千瓦·时（原为 840 亿千瓦·时）；④施工总工期为 17 年（原为 16 年）；⑤枢纽工程概算控制在 500.9 亿元（按 1993 年 5 月价格水平）以内。

　　10 月 12 日　中共中央总书记江泽民在中国共产党第十四次全国代表

大会的工作报告中指出：集中必要的力量,高质量、高效率地建设一批重点骨干工程,抓紧长江三峡水利枢纽、南水北调、西煤东运、新铁路通道等跨世纪特大工程的兴建。

11月8日　林一山在《人民长江报》上发表怀念李先念的文章《李先念治水漫忆》。文中说:李先念同志离我们而去已两年多了,但我仍十分怀念他。我在1949年中共中央中南局做水利工作时认识李先念同志的。那时他任湖北省政府主席。从多次接触中,我感到先念同志非常重视农业,也非常重视水利工作,对工作抓得很认真、很具体,也很有成绩。

湖北省主动修建了许多中型水库,在湖北掀起了一个大办农田灌溉的高潮,这都是李先念同志亲自领导、积极推动的结果。

兴建长江中游荆江河段防洪的关键工程——荆江分洪工程时,虽然党中央、中南局都十分重视,但对这一工程起推动作用的当属先念同志。

丹江口水利枢纽工程,是毛主席非常重视的汉口防洪和南水北调关键工程。在施工过程中争论很多,先念同志在许多场合都支持我的意见。在第一期工程完成后,周总理指示要把这个工程做成模型对外展览向世界宣传。有人反对把丹江口工程说成是该工程的初期工程时,先念同志坚定地说:最终规模一定要完成,现在的"初期"字样要保留,不能去掉。这说明他深知丹江口工程的重要意义。

12月15日　林一山在北京为《荆江分洪工程志》作序。序言中写道:"《荆江分洪工程志》写成,公安县的同志约我为之作序,我欣然应允,因为这是一个很有意义的工作。人们都说'万里长江,险在荆江',此话一点也不为过。1949年,我刚接受中南水利工作,便立即查勘荆江大堤危险堤段,目睹了冲和观堤段发生的严重险情,不由引起我深深的忧虑。解荆江之危,迫在眉睫。我便于1950年2月进行了工程选址,并提出荆江分洪工程方案。1950年国庆节前即已完成分洪工程的报告书和设计图纸,并报原中南军政委员会呈送党中央。水利部部长傅作义告诉我:你的报告通天了,毛泽东主席要在国庆期间听取汇报。毛主席亲自审阅报告书和工程图纸,在批准这项工程时还说:有效期20年就够了。到了1952年的春节,周恩来总理得知荆江分洪工程尚未开工,便提出严厉批评,并决定立即筹备开工,要求在6

月底以前完成荆江分洪工程的建设任务。荆江分洪工程在当年的汛前即完成（北闸），仅用了2个多月时间，创造了新中国建设的第一个高速度工程，而且工程质量精良。国内外参观者无不称之为'奇迹'。"

"荆江分洪工程在设计原理上也有突破。它不作基础处理，也不打基桩，只在冲积层的沙土基础上修建钢筋混凝土闸底板。这种设计方案在当时为最新式的设计，据说在当前的苏联也没有过，但是我们成功了。成功的经验最主要的一条是实事求是，进行科学试验研究，走自己的路。"

"荆江工程建成已40余年了，它不仅在1954年大洪水时为保障荆江大堤的安全起了重要作用，就是在非分洪年月也给人们一种安全感。毛泽东主席为荆江分洪工程题词：为广大人民的利益，争取荆江分洪工程的胜利！周恩来总理的题词：要使江湖对人民都有利。一个造福于人民的工程，值得为之修志。"

1994年　八十三岁

1月25—28日　水利部在北京审查通过了长委编制的《南水北调中线工程可行性研究报告》。水利部部长钮茂生主持审查会并作重要讲话。参加审查会的有来自水利部各司局、有关流域机构及京、津、冀、豫、鄂等省（直辖市）水利厅（局）的领导及专家130人。会议审查意见：同意南水北调中线工程自陶岔引水经方城垭口输水至北京、天津的高线自流方案；总干渠线路长1240公里；多年平均年可调水量为140亿立方米左右；水源工程的丹江口水库大坝加高后，正常蓄水位由现在的157米提高到170米。穿黄工程是南水北调中线工程总干渠上最重要的工程，审查同意以孤柏嘴双线隧道方案作为穿黄工程的基本方案。审查认为，《南水北调中线工程可行性研究报告》可作为立项的基础，建议国家尽快决策兴建。

6月2—5日　国家计划委员会在北京召开南水北调工程论证会，会议由国家计划委员会副主任、南水北调中线工程论证领导小组组长陈锦华主持，国务院办公厅、有关部委、省市负责人及专家学者、规划设计单位100余人参加。水利界老前辈张光斗、林一山也应邀参加会议。会议就南水北调中线工程的可调水量、穿黄工程、库区移民、投资概算、总干渠安全等问题进行论证和讨论，专家们充分发表了自己的意见。

5日下午，国务院副总理邹家华听取了专家发言，并就南水北调工程有关问题发表重要讲话，还指示长委研究从长江干流引水的方案。

7月18日，《南水北调中线工程可行性研究报告》推荐先从汉江引水方案优于从长江干流引水方案。

6月　林一山为由他主编的《高峡出平湖——长江三峡工程》一书写序。序言中写道："我从20世纪30年代初投身革命大业以来，至今已有60余年。如果有人问我，我这几十年中什么事最费心力，我毋需犹豫就能回答是：三峡工程。我所主持的三峡工程的规划、科研与设计工作，竟连续不断30多年，而且面临的问题都是我国空前、世界罕见的，是我所承担的其他任何工作都不能相比的。由于三峡工程在新中国成立后一提出就有争议，而且日趋激烈，这期间我要用主要精力为之呼吁、奔走、论争和组织论证，以尽力争取从中央到地方到库区人民群众的最广泛支持，才得以使三峡工程前期准备工作从未中断地坚持下来，并终于在1992年将三峡工程提上国家建设日程。此中甘苦唯我心知。"

"也有人问，我为三峡工程忙碌一生，而且主持完成了与之配套的葛洲坝工程，在三峡工程开工之际，你似乎已置身事外，离开了你为之奋斗几十年的三峡工程，你在感情上能够断然割舍吗？对此我也毋需犹豫就能回答：在我任职期间，三峡工程设计工作的基础已经奠定，剩下的问题主要是如何优化的问题。像长江后浪推前浪一样，我深信后来者一定会把三峡工程建设得比我们设想的更好。顾后瞻前，我总算没有辜负毛主席、周总理这一代伟大创业者对我的信任与委托。在本书中，我希望能尽量体现一种不怕困难和战胜困难的精神。细阅本书，对工程的设计与实施有所了解后，就不难说明：只要原则上理论上可行，就要勇于实践，在实践中一一解决那些具体的技术问题；世上没有一切皆备于我才能干的大事，而只有勇于开拓在实践中不断进取终获成功的先例。对此我体会很深，因此更希望我国青年一代在人生道路上，更勇敢地发扬开拓创新精神。"

1995年9月，该书由中国青年出版社出版发行。

12月14日 10时40分，中共中央政治局常委、国务院总理李鹏向全世界宣告三峡工程开工。林一山在北京接待了多家媒体的采访，有的甚至是万里以外的电话采访。林一山说，我的眼睛虽然看不见了，但我听到了，我很高兴。一位记者采访林一山：您在长江治理开发中所起的作用是不可磨灭的，您是长江治理开发的巨人。林一山说，我只是起了个天梯的作用，如果我能对中华民族振兴的理想起到这个天梯的作用，我就很满足了。

1994年 林一山为1993年首卷《长江年鉴》(原名《治江年鉴》)作序。序言中写道："长江，这条东方巨龙，千百年来，哺育着中华民族，滋润着中华文化，但不时也给我炎黄子孙带来深重的灾难。如何除其害而兴其利？制定综合开发利用长江水土资源规划方案，是我 1949 年主持治江工作以来，40 余年始终不渝进行研究的中心课题。"

"20 世纪 50 年代制定长江流域规划时，我们排列了大兴防洪之利、发电之利、航运之利、灌溉之利、养殖之利以及旅游之利等种种兴利方案。现在看来，总的指导思想是符合长江实际的，其中不少规划已经或正在变成现实。同时，我们还研究如何最大限度发挥水资源效益的问题。随着研究的深入，认识的深刻，我们发现同样的水资源，由于使用的位置不同，效益却大不一样。将长江的水引到黄河去用，就可缓解西北乃至华北地区更迫切的用水问题。"

"比中部'南水北调'从丹江口水库引水或将来规划的其他引水方案更具价值、更宏伟的是西部'南水北调'方案。经过 20 余年的研究和实地查勘，我们已有充足的根据将青藏高原诸水系连成一个整体。"

"喜逢《长江年鉴》公开出版，它作为逐年记录长江流域治理、开发业绩的年刊，必将成为这一伟大进程的历史见证。"

1995 年　八十四岁

　　1月1日　林一山应《荆江分洪大特写》作者李寿和之请,为该书作序。序言中写道:"不久前,举世瞩目的三峡工程胜利开工了,这是长江有史以来最大的一件喜事,感谢中央电视台及时在我家采访了我,使我能在屏幕上和全国人民一道共同度过了这喜庆的日子。"

　　"长江上有句千古流传的话:长江万里长,险段在荆江。新中国成立之初,治理长江的动作,正是从荆江开始的,这就是荆江分洪工程。当年治理荆江,就已经想到以后的三峡了,荆江分洪工程实际上是为以后的三峡工程争取时间。从这个意义上说,荆江分洪工程实际上是三峡工程的前奏。今天负责三峡工程科研设计工作的技术队伍,也是当年从荆江分洪工程开始锻炼形成的。"

　　"荆江分洪这个长江上的第一个大型水利工程,仅仅 75 天就一举建成,当时震惊全国,震惊了世界。这是在毛主席、周总理亲自领导下创造的一个奇迹,一个至今回想起来还觉得不可思议的奇迹。"

　　"我现在虽然老了,但心一直是系这长江的。只要有益于建设长江、宣传长江的事,我仍然乐意做。"

　　"我想,在今天三峡工程开工之际,如能回首一下我们在根治长江的伟大事业中留下的足迹,应该是很有现实意义的。"

　　1995 年初　建设部公布 20 项国内外有重大影响的工程为全国最佳工程设计特等奖,长委设计的葛洲坝水利枢纽工程排名第二,获得建设部颁发的特等奖。

　　5月24—26日　长委在河南淅川县举行石渣地开发利用现场研讨会。中国农业科学研究院、西南农业大学、华中农业大学的教授、专家,水利部原副部长黄友若、长委副主任张修真,河南、湖北、四川移民部门的代表60余人参加了研讨会。研讨会上，与会专家对长委进行的这项试验给予充分肯定，并希望进一步地扩展试验田的广度和深度。

"石渣地"的开发利用最初由林一山提出，在荒坡上开辟石渣地试验田，试种成功后再加以扩大，以解决陡山区地瘠民贫问题。长办为此设水库处石渣调研组，首先在郧西县虞家湾进行试验，并获好收成。1991年秋，水库处又选择库区内河南淅川县新建的60亩梯田中的40亩石渣地进行试验，结果在十分干旱的1992年夏季及1994年秋季，各种农作物均获得较好收成。长委根据试验结果，总结出石渣地具有抗旱能力强、保墒、保温、通气性能好等特点，并据此提出精耕细作、施农家肥、增加土层厚度等开发意见。

如今三峡库区、丹江口库区开垦的"石渣地"随处可见，并结出累累硕果。

6月10日　林一山在《科技导报》第六期上发表题为《西部南水北调工程概述》(以下简称《概述》)。《概述》分五个部分，分述了开发西部地区的重要意义；西部南水北调中线工程的有利条件；工程方案的探索过程；西部南水北调工程轮廓计划；引水工程展望。

该文特别强调指出，根据建设有中国特色社会主义分三步走的战略，开发我国西部地区实乃历史之必然。然而西部地区(特别是其北部)严重缺水的状况却是其经济发展和社会进步的一大障碍。因此，制定西部南水北调规划，兴建南水北调工程，就具有特别重大的意义。

6月　《林一山治水文集》之二《葛洲坝工程的决策》由湖北科学技术出版社出版。

林一山在文中记述了葛洲坝工程是如何提出来的？如何在特定条件下先于三峡工程上马？如何由陷入困境到胜利建成的全过程，着重从工程决策、科学研究、规划设计和组织领导等方面进行了系统总结。

1995年

1996年 八十五岁

3月 上海复旦大学经济学院教授、上海浦东发展研究院副院长陈志龙,在长江技术经济学会常务副秘书长成绶台陪同下,就上海深水航道建设问题,向林一山作了两个半天的专访。

林一山说,把上海建成国际航运中心,对我国的社会主义建设事业,关系重大,时间紧迫。但是,这个问题在技术上,其复杂性比三峡工程有过之而无不及。世界上在这方面虽然有许多成功的经验,但是,长江有其独特的自然特性,不能掉以轻心,必需采取积极而慎重的方针,在进行充分的方案研究比较之后,审慎决策。否则,不仅经济上造成很大浪费,而且后患无穷。

林一山谈到长江口航道最大特点是:"多沙"、"强潮"和"极宽"。"多沙"是指长江口每年约1万亿立方米径流所挟带的泥沙约4.86亿吨,有60%在河口沉积;"强潮",即潮涨潮落之差约2.66米;"极宽",即长江口从徐六径开始,江宽从5700米,扩大到吴淞口17000米,到出口处约90000米,真是海天茫茫。这些特点和世界其他大河相比,是极其罕见的。长江口目前正处于河流发育演变阶段,河槽与水下地形变化十分复杂,长江主泓摆动频繁,真可谓"三十年河东,三十年河西"。根据我们多年来治理长江河道的经验,如果要以河道为航道,不仅需要花很大的工程量和投资,而且必须按照河口动力学理论,在本河道进行长时间的深入调查研究和模型试验工作,才能定出正确的方案。

林一山说,我提出的上海边滩运河方案,其主要观点就是避开长江口拦门沙,另辟蹊径,在浦东海塘外的边滩上,它不仅不占用现有土地,而且还可以围垦出不少土地,开挖一条人工运河,经芦潮港直接入海。这样,既可摆脱长江口航道淤沙挖不胜挖的困境,又可在运河沿岸发展大量深水泊位,一举数得,一气呵成。1980年我在长江口整治领导小组会上提出这个方案后,便引起很大反响,当时上海市委对我们的方案很重视。长办立即派出队伍,进行地质勘探,并在浏河建立了长江口水文测验中心,进行了规划和轮廓设计，于1981年提出了《浦东边滩运河方案报告》，得到上海有关方面很大关注。后来由于宝钢水运问题的解决和体制上的原因，边滩运河方案便被搁置了。

6月中旬 林一山在中国科学院举行的第六十一次学术讨论会上再次提出西部调水成果，受到中国科学院和新闻界的重视，《瞭望》杂志采访了林一山并报道了《南水北调西线工程》成果。如前所述《南水北调西线工程》方案是：将青藏高原的怒江、澜沧江、金沙江、雅砻江、大渡河五大水系年均800亿立方米的水量，越过巴颜喀拉山进入黄河，再以黄河大柳树枢纽为总灌渠渠首，通过人工渠系和天然河流低地引向内蒙古西部、新疆东部沙漠。此外，还可利用引水渠道2000多米总落差每年再获得3150亿千瓦·时的巨量电力。

1996年

1997 年 八十六岁

6月18日 长江水利委员会(以下简称"长江委")领导及代表前往北京林一山寓所,向86岁寿辰的林一山祝寿。代表们祝林一山老主任健康长寿,对长江委的工作给予多多的指导,长江委在林主任多年的言传身教影响下,把长江的建设事业一步步地向前推进。代表们还盛赞了林一山为了长江水利事业所作出的巨大贡献,在86岁高龄,还在不断地思考长江的建设问题,思考西部调水,思考长江口深水港深水航道的建设问题。林一山笑答:"我不过开个头,事情靠大家办,长江的建设对国家的关系太大了,你们一定能做得更好。"

6月 林一山为李镇南《治江侧记》作序。序言说,长江是个伟大的题材,要真正驯服这条东方巨龙并使之造福子孙万代,必须倾我中华民族的智慧和力量。李镇南同志的人生之路,反映了我们许许多多老知识分子共同走过的进步之路。长江流域规划办公室就有不少这样的老知识分子,通过大量的治江实践,认识了共产党真正为人民谋福利的性质。他们同解放后培养出来的新生力量相结合,形成了一支治理长江的技术骨干队伍,承担起了治理开发长江艰巨的科研设计任务,完成了一些具有世界一流水平的规划设计。40余年的事实表明,长办这支技术队伍始终忠于职守,讲求科学,努力学习,不断进步,养成了一种务实和进取的作风。我希望这种作风能得以发扬光大。该书的出版不仅为年轻的水利工作者提供了一本有益的读物,而且也为整个治江事业史提供了一份宝贵的佐证。

11月8日 长江三峡工程大江截流成功。截流工程由长江委设计和监理,葛洲坝集团实施。国家领导人江泽民、李鹏等出席了截流仪式并讲话。

1998年　八十七岁

6月　在丹江口工程开工40周年之际,林一山以《毛主席关心丹江口水利工程——为丹江口工程开工40周年而作》为题的文章发表在《大江文艺》1998年第6期上。

林一山在文中说:汉江是长江中游最重要的支流,由于流域内暴雨集中,上游坡度较大,经常产生较大的洪水。1935年7月,一次百年一遇的洪水淹没16个县市,一夜之间夺去了8万余人的生命。新中国成立之后,党和政府决心根治汉江。1952年,选定了丹江口水利枢纽作为汉江流域规划的主体工程,但是我们当时并没有认识到它是"南水北调"的水源工程,是毛主席提出的伟大设想,指引我们得出了丹江口工程是"南水北调"重要水源工程的重要结论。1953年2月,毛主席在"长江"舰上问:"北方水少,南方水多,能不能把南方的水调一部分到北方?"我回答说:"可以。"主席一直问到丹江口。我说:"这里最有可能。"主席听了兴奋地说:"你回去以后立即派人去勘察,不管资料多少,一有资料就给我写信。"此后,我将勘察成果及时写信报告了毛主席。1958年3月25日,中央政治局在成都召开会议。会上,毛主席在有关南水北调的讲话中引用了我提供给他的资料,说:"引白龙江、嘉陵江上游的水到汉江,经汉江再向华北引水,丹江口工程很重要。它和南水北调工程可以先于三峡工程。"党中央作出了丹江口工程开工的决定,周总理亲自抓这项工程。1958年9月1日丹江口工程开工。丹江口工程在建设中一度受"大跃进"、"文化大革命"影响,但在毛主席、周总理的关怀下,1968年第一台机组并网发电,1974年2月丹江口初期工程建成。周总理说:"丹江口是我们国家的标准工程,五利俱全。"

10月　林一山在北京用题名"以试验求创新的陆水工程"为《三峡试验坝——陆水蒲圻水利枢纽志》写序。序中写道:我作为陆水工程建设的当事人,以90岁之高龄,犹能得见此一工程文献之付梓传世,陆水枢纽管理局嘱我为之作序，我是至感欣慰的。陆水工程与当今许多水利枢纽相比，工程规模和受益范围都不大，但它起步早，起点高，影响深远，为新中国水利水电建设作出了很大的贡献。一个规模不大的水坝之所以能获得如此高的评价就是因为它是作为三峡工程的试验坝，经党中央和国务院批准兴建的。为了解决、验证三峡工程科研、设计与施工中的重大技术问题，包括研制适用的设备，陆水工程的建造是一个整体性全过程的水工建筑试验；陆水工程建成后，它又为葛洲坝、三峡及其他水利枢纽进行了技术领域更为广泛的试验，获得了许多富有创造性的成果。在陆水大坝施工中，主要进行了两项重要试验，即混凝土预制块安装筑坝技术和坝基沙基固结灌浆技术的试验。这两项试验共同的目的，都是为了快速施工，缩短工期。陆水工程的预制块安装筑坝试验获得成功，事先并未充分估计到接缝问题之复杂，为此而进行了胶结材料与胶结工艺的大量试验，所获得的接缝胶结技术，可以说是一个意外的发现。接缝胶结技术除解决了预制块之间的结合问题，还广泛应用于处理新老混凝土层面的结合问题。接缝胶结技术在丹江口大坝、葛洲坝工程中得到运用。

陆水工程建成后，作为水利工程的科研基地，为长江流域及流域外许多水利枢纽做了大量的试验与设备的研制工作，包括机电、大坝监测、水文自动测报系统等百余项，均取得成功。

陆水实验坝的这支技术队伍从快速筑坝试验开始，在科学试验中发展壮大，未来的希望仍在于此。唯有试验，才能创新；唯有创新，才能为未来谱写新的篇章。

1999年　八十八岁

8月　林一山为长江委编制完成的长江流域第一部大型综合图集《长江流域地图集》作序。

序说：我国地图的历史非常古老，传说中的黄帝时代就已使用。较早的地图还有夏代的《九鼎图》；战国时期的《山海经》；西汉初期长沙国南部即今湘南桂北的地形图与驻军图（这是我国迄今发现最早的地图）。《长江流域地图集》便是一部以水利建设为重点，兼涉自然资源、社会经济和历史文化，对长江干支流进行较为全面描述的大型综合性江河流域图集。一般读者可以从中获得有关长江的知识；专业人员可以从中看出长江水利事业发展的脉络与轨迹；国家建设部门、海内外企事业界可以从中了解长江流域的概况，以利于对其开发利用。总之，这是一部涵盖全江、贯通古今、取材新颖、可供人们了解长江、研究长江的工具书，也是对长江治理开发的一次总结与检阅。

回忆近半个世纪前，即1949年初我从部队转入水利战线接手长江的水利工作时，想拥有一本水利专业的地图集无从谈起，连一幅普通的流域图也没有编出来。长江水利委员会鉴于此，在成立初期就开展大地控制、地形和水利工程的测量，利用旧有地形图资料，先编制了区域性地图；稍后全江规划开始，1956年首次编印了1∶200万的彩色挂图《长江流域图》；1976年、1978年两次江源考察，对江源无人区无图区进行首次探索。1981年、1984年又重新编制1∶100万、1∶200万比例尺的《长江流域图》。与此同时，一些工作上用的专题地图也在陆续编制。这些地图正是我们编制这部《长江流域地图集》的基础。

我深信，随着国家的昌盛，科技的进步，长江各项建设在三峡工程的促进下，将会取得比20世纪更大的成就，我们的后继者将在本图的基础上，为长江描绘出更为壮美的图集。

2001年 九十岁

6月15—18日 15日,在林一山90寿辰前夕,长江委领导在机关大院为林一山铜像揭幕。18日,长江委在北京召开了"林一山治水思想研讨会",水利部副部长翟浩辉出席会议并讲话。

中国工程设计大师、长江委原总工、《长江志》总编洪庆余,长江委原水文处处长张干分别以主题为《林一山同志运用'两论'思想指导治江工作》、《学习林一山同志的开拓精神》文章回顾、探讨了林一山在几十年的治江工作中,运用《矛盾论》、《实践论》的思想与治江实践相结合来指导工作,用创新的精神为水利事业的可持续发展创造新局面,勉励长江委人提高思想和业务水平,共同把综合治理开发长江的事情办好。

6月 林一山著《中国西部南水北调工程》一书由中国水利水电出版社出版。该书是林一山在年近80岁,双目几近失明,在长江水利委员会规划青年工程师王瑛的协助下,用口授方式记录下来,其后在进一步研究整理中,由规划处高级工程师吴立功运用1:10万地形图完成初步选线图,在中国社会科学院经济文化研究中心邓英淘教授共同协助下出版完成的。

12月 林一山为2001年第3、4期合刊《长江志季刊·江源考察专辑》写序。序言中最后说:具有历史意义的江源考察已过去20余年,由于参加两次江源考察的同志们所撰写的综合报告、专著和专业论文均分散发表在不同的出版物上,难以查找,《长江志》总编室出此专集,以保存重要的史料。这对存史、修志和进行江源地区研究,都会有所裨益。

2002 年　九十一岁

2002 年初　林一山被确诊为肝癌。早在 1973 年,林一山右眼就被确诊为脉络膜黑色素瘤,在上海华东医院实施了右眼眶内容物剜除术,周恩来总理亲自审查手术方案,并组织全国最优秀的眼科专家实施手术,手术非常成功,保障了林一山近 30 年的健康。

2004 年　九十三岁

6 月　林一山关于淮河治本方略的专文《再觅淮河治本之策》刊登在 2004 年出版的《瞭望》杂志 6 月 23、24 期上。分上、下两篇发表,引起有关领导及专家的重视,要求"将林一山著作编辑出版,供水利工作者参考"。

7 月　林一山著《林一山回忆录》由方志出版社出版发行。全书共分四个部分:我的青年时代;戎马生涯十二年;献身水利事业;附录忆余·随想。该书回顾了林一山从求学到投身革命、由战争走向治江的人生历程。尤其在他近半个世纪的治江生涯中,长江流域规划、三峡工程、南水北调等重大治江战略性工作上的努力和业绩,是独步当代的。同时,该书也是长江水利委员会从创立到成长壮大的历史记录。

2005 年　九十四岁

12 月　《环球视野》记者王香平在北京就毛泽东主席与南水北调的话题采访了林一山。

2006年　九十五岁

4月22日　林一山在百度网上发表《周恩来与水利建设》一文,以亲身的经历讲述了周恩来总理对水利事业的关心和重视。

文中写道:我以亲身经历的几个事例,回忆周总理对水利事业的关心和重视。1972年11月21日,周总理在听取了葛洲坝工程汇报时曾讲:"解放后20年我关心两件事:一个水利,一个上天(导弹、卫星)。"每当发生难以解决的水利纠纷,或是水利建设中出现了重大难题时,周总理都亲自出面处理。凡是毛主席交办的治水任务,周总理更是抓得紧、抓得细。

林一山在全文中分六个部分回忆了周总理对水利事业的重视:治淮、荆江分洪工程、长江流域规划和三峡工程、丹江口水利枢纽工程、治理黄河、葛洲坝工程。

2007年　九十六岁

6月13日　《水利水电工程报》记者韩磊到北京医院林一山的病室祝寿并采访林老。老人和记者交谈了2个小时，始终精神饱满、思维清晰，语言表达准确、生动，让记者简直不敢相信自己面对的是一位96岁高龄的老人。文章说，林一山在治江事业上为修建丹江口、葛洲坝，促成三峡工程上马，启动南水北调研究……每一件事都千头万绪、千辛万难，但林一山竟然都干成了，这难道不是奇迹吗？这些奇迹的背后，林一山个人的聪明与努力、勤奋与坚韧是一方面，但他尊重知识、尊重人才、爱惜人才、重用人才，领导众人众志成城，恐怕是主要原因吧。

10月13—15日　长江工程大学同学在武汉举办第一次聚会纪念日。同学们首先写了一封热情洋溢的信呈献给长江工程大学的创建者林一山校长，表达同学们对林校长的衷心祝福，盛赞林校长不拘一格降人才，培养和成就了无数学生的伟大事业。他们中有大师级的人物，有号令一方的领导者，有全国劳模，有国家大奖的评审者和荣获者，有教授、高级工程师，等等。

11月30日　北京医院送来"林一山同志病情报告"：右肝巨大占位性病变，腹腔脏器受压到肝脏内多发播散。纵膈淋巴结转移，胸腔、腹腔积水。不思饮食，进食后出现恶心、呕吐症状。肝、肾功能不全。

12月30日　14时55分，长江水利委员会原主任、水利部原顾问林一山同志因病医治无效在北京逝世，享年97岁。

12月　林一山专著《河流辩证法与冲积平原河流治理》由长江出版社出版发行。

该著作是林一山双目失明近10年的情况下，以口授笔录的形式，由中国社会科学院邓英淘完成的，中国工程院院士文伏波作序。全书由6个章节、2个附录、后记组成。

该书以自然辩证法的哲学思想为指导，深刻分析了我国河流的一般特征，抓住水流和泥沙作为河流主要矛盾的两个方面，指出关键在于研究冲积平原河段的河床结构和来水来沙规律。根据研究，提出了长江、黄河、淮河中下游河段治理开发的指导思想和实施途径。

12月 中国社会科学院经济文化研究中心主编的《林一山纵论治水兴国》由长江出版社出版发行。

该书为中国社会科学院经济文化研究中心邓英淘教授等从1999年2月8日开始第一次访问林一山，到2007年7年的时间里，访问次数不下50次，根据每次采访林一山的谈话录音，整理汇编而成。

全书共20个章节，包含了西线调水，南水北调，淮河、黄河、长江、汉江等大江大河平原河段的整治与开发，跨流域水资源配置与国土资源整理，河流学理论与实践等。

2008 年

1 月 4 日　长江水利委员会发布林一山讣告。讣告概括性地记述了林一山从 1934 年 6 月参加革命工作的事迹,重点介绍了林一山从新中国成立之日起负责创建长江水利委员会以及半个多世纪的治水生涯。讣告中写道:林一山同志具有坚定的共产主义信念和强烈的事业心。新中国成立初期,为使水利事业更好地服务于国家经济建设,他按照党的安排,投身于治理长江的伟大事业。林一山同志在半个多世纪的治水生涯中,以自然辩证法指导长江治水理念,对水利工程技术理论和长江流域综合治理等方面作出了重要贡献,是当代水利事业家、长江流域综合利用规划的重要奠基人。林一山同志在近 80 年的革命生涯中,始终以党的事业为重,把个人得失置之度外,对党、对人民忠心耿耿,对共产主义事业充满信心。他尊重科学、珍惜人才、淡泊名利,廉洁奉公、终身奉献,深得广大干部群众的尊重,永远是我们学习的榜样。

1 月 7 日　林一山遗体送别仪式在北京八宝山举行。中央领导人和有关部门、长江流域有关省(直辖市)的机关、各流域机构及生前好友参加仪式并敬献花圈。

1 月　《人民日报》、《中国水利报》、《湖北日报》、《长江日报》、《楚天都市报》、《长江商报》、《新民周刊》等报刊媒体及时报道林一山逝世消息。

《人民日报》以"林一山同志逝世"为题报道了林一山的生平及在病重期间和逝世后,胡锦涛、温家宝、曾庆红、习近平、贺国强、回良玉、李源潮、华建敏、陈至立和谷牧、迟浩田、钱正英以不同方式表示慰问和哀悼。

1 月 4 日,《长江日报》以"'长江王'林一山在京辞世"及其头像的新闻在头版显著位置发表,其第 3、4 两个整版用了 11 篇不同体裁的文章和由大幅跨栏照片、题图等 9 幅图片所组成的《缅怀"长江王"林一山》的"特别报道"。

1月5日,《湖北日报》以"'长江王'林一山与世长辞"为题作了报道。报道说:林一山特别对我省水利发展作出了突出的贡献。

1月8日,《楚天都市报》、《长江商报》、《新民周刊》都分别对林一山的逝世进行了报道,并以图文并茂的形式叙文缅怀。

1月10日,《中国水利报》在该报"人物"、"人生"两个栏目中,皆以"缅怀林一山"为专题发表了两个整版的纪念文章。

4月7日　长江水利委员会以长人劳〔2008〕103号文"关于成立长江水利委员会林一山治江思想研究会的通知"。9月24日,以长人劳〔2008〕438号文发出"关于长江水利委员会林一山治江思想研究会有关组成人员的通知"。

4月7日　长江水利委员会于林一山逝世100天召开"林一山治江思想座谈会"。长江水利委员会领导蔡其华、熊铁、马建华、魏山忠及老领导、工程院院士、各单位主要领导、中青年专家代表、林一山的家属代表参加了座谈会。会议缅怀了林一山这位长江委的创建者、长江流域综合利用规划的奠基人和在水利建设上富有创新的专家,追思林一山的治江思想和治江足迹。

12月29日　在林一山同志逝世一周年纪念日来临之际,长江水利委员会在防汛科技大楼花园中,举行了林一山铜像迁移仪式。

长江水利委员会主任、党组书记蔡其华,长江水利委员会总工郑守仁为铜像揭幕。在武汉的长江委领导魏山忠、马建华、杨淳,委属各单位领导或代表、林一山同志的生前好友参加了迁移仪式。

12月　由林一山治江思想研究会创办的不定期刊物——《林一山治江思想研究会会刊》,截至2011年6月,出版8辑,共约120万字。先后开辟25个专栏,除刊发广泛搜集的林一山的遗作佚文和照片外,主要刊载长江委老中青职工和新闻传媒、社会人士撰写的对林一山治江思想研究探讨和怀念文章。

2009 年

4 月 23 日　《文登大众》头版头条报道了"长江委爱国主义教育基地揭牌暨林一山治水事迹展开展"。水利部党组副书记、副部长鄂竟平，山东省副省长王随莲，长江水利委员会主任、党组书记蔡其华，威海市委书记、市人大常委会主任王培廷及市领导王亮、张竞等出席仪式。

鄂竟平、王随莲、蔡其华、王培廷为长江委爱国主义教育基地揭牌并剪彩，长江委副主任杨淳主持仪式，鄂竟平、蔡其华、王培廷、王亮分别致辞。

仪式结束后，出席活动的来宾向林一山纪念石敬献了花圈，并参观了天福山起义纪念馆和林一山治水事迹展。

9 月 2 日　由湖北省委宣传部、省委党史研究室、《湖北日报》传媒集团主办，《楚天都市报》和荆楚网承办的"功勋湖北"大型评选活动，经过群众投票、专家评审，于 9 月 2 日揭晓，432 万张选票，选出 100 名当选者，长江委创建人林一山同志荣登"功勋湖北人物"榜。

"功勋湖北人物"评委会为林一山颁奖词为：

六十春秋，治水兴国，

高峡平湖，南引北济，

西陵石壁永镌"长江王"。

9 月 21 日　《楚天都市报》"功勋"栏目"新中国成立以来感动荆楚人物"以专文"林一山：南引北济治水兴国"为主题概要报道了林一山为湖北乃至全国经济建设所作出的巨大贡献。

附 录

长江水利委员会大事纪要
（1950—2010）

1950 年

2月24日，长江水利委员会在汉口召开成立大会，由水利部颁发的"长江水利委员会"印章启用，标志着长江水利委员会正式成立。

3月7日，政务院正式任命林一山为长江水利委员会主任。（1949年12月17日，政务院批准任命林一山为长江水利委员会主任，负责筹组长江水利委员会。）

4月，长江下游工程局在南京成立；6月，长江中游工程局在汉口成立；10月，长江上游工程局在重庆成立。

7月，由中南财经委员会、湖北省人民政府、长江水利委员会组成的汉江治本委员会成立，李先念任主任。

1951 年

荆江大堤加固工程全面开工。

江西兴国县水土保持实验区成立。

长江水利委员会主任林一山提出"治江三阶段"战略计划的雏形，1954年9月，林一山在《关于治江计划基本方案的报告》中，全面地阐述了以防洪为主的"治江三阶段"方针。

1952 年

4月5日，荆江分洪工程全面开工；5月，毛泽东主席、周恩来总理为荆江分洪工程题词；7月20日，主体工程竣工。

10月，毛泽东主席视察黄河时提出南水北调构想。

10月，水利部部长傅作义率中苏专家查勘丹江口坝址。

附录

1953 年

2月19—22日,毛泽东主席乘"长江"舰视察长江途中听取长江水利委员会主任林一山主任关于治理长江的汇报,提出兴建三峡大坝解决长江防洪问题的设想。

10月12日,长江、汉江轮廓规划委员会成立,长江、汉江流域规划工作正式开展。

是年,长江水利委员会组织了引江济黄(南水北调中线)的线路查勘。

是年,开始进行都江堰有史以来规模最大的发展新灌区人民渠、东风渠的工程建设。

1954 年

4月,长江水利委员会上游工程局组织查勘葛洲坝、南津关、南沱、黄陵庙、三斗坪、茅坪、太平溪等坝址,提出了修建葛洲坝航运梯级方案。

汛期,长江发生全流域性特大洪水,淹没耕地317万公顷,淹死3.3万人,京广铁路百日不能正常通车。

12月中旬,中共中央决定开展长江流域规划工作。周恩来总理以中国政府名义照会苏联政府,商请派专家来华帮助进行长江流域规划工作。中国政府先后聘请了55位苏联专家。

冬季,无为大堤全面整修,荆江大堤整险培修。

1955 年

1月,为适应开展长江流域规划工作的需要,长江水利委员会撤销长江上、中、下游工程局,将原分散在重庆、南京的技术力量集中到武汉。

3月,当时长江流域最大的水电站——中国第一座坝内式厂房的上犹江水电站开工。

5月9日,长江水利委员会根据1954年大水情况,提出长江中游堤防和汉江干堤控制站的保证水位。

10—12月,长江水利委员会组织中苏专家143人查勘长江上游,在干支流初选了一批水利枢纽坝址。

11月21日,汉江杜家台分洪工程开工,1956年4月竣工。

12月,长江水利委员会提出《长江中游平原区防洪排渍方案》。

1956 年

长江水利委员会组织苏联专家查勘长江中下游地区农田水利。

6月,毛泽东主席在武汉畅游长江后,写下壮丽诗篇《水调歌头·游泳》,勾画了"高峡出平湖"的宏伟蓝图。

7月,苏联航测队帮助进行长江流域航空摄像,至1957年7月完成。

10月,国务院批准在长江水利委员会基础上成立长江流域规划办公室,进行以三峡工程为主体的长江流域综合规划。

年底,国家测绘局、总参测绘局协同进行长江流域航空摄像。

1957 年

2月中旬—8月初,1958年9月—1959年2月,长江流域规划办公室(以下简称"长办")分两次组织大规模金沙江复勘,勘选出一批新的可能开发的梯级坝址,并提出了干流梯级开发的代表方案。

9月,长江历史水文资料全面整编刊印,共计32册。

是年,长办设立荆江、汉江、南京河床实验站,全面开展长江中下游干流河道演变观测研究工作。

1958 年

1月下旬,中共中央南宁会议听取了三峡工程的汇报,毛泽东主席提出了"积极准备,充分可靠"的方针。

2月26日—3月6日,周恩来总理等考察了长江中上游河段与三峡工程坝址。

3月,长办编制完成《汉江流域规划报告节要》,确定丹江口枢纽为首期开发工程。

3月21日,中共中央"成都会议"通过了《中共中央关于三峡水利枢纽和长江流域规划的意见》,这是三峡工程和长江流域规划的指导性文件。会后,毛泽东主席于3月30日乘船视察了三峡坝址。4月5日中央政治局会议批准了该意见。

4月,三峡工程科研领导小组成立,6月召开第一次全国科研会议。1959

附录

年10月召开第二次全国科研会议。1960年9月召开第三次全国科研会议。

7月，湖北漳河水库灌区工程开工，1966年基本建成。

8月，中共中央北戴河会议期间，周恩来总理主持召开长江工作会议。会上指示以三斗坪坝线为主的设计工作要抓紧，为1961年开工作充分准备。会议还批准兴建三峡试验坝——陆水蒲圻水利枢纽。

9月1日，丹江口水利枢纽工程正式开工。1959年12月26日截流。1962年主体工程停工，进行大坝质量补强处理。1963年修定丹江口工程建设规模，改为分期建设。1965年复工，1973年初期工程完成。2005年9月26日后期工程正式开工，将大坝加高至最终规模。

10月23日，三峡试验坝——陆水蒲圻水利枢纽工程开工，1961年7月停工，1964年7月复工，1974年基本竣工。

1959 年

3月，中国科学院、水电部组织有关部委和高等院校220人组成的"西部地区南水北调综合考察队"，对西部地区的南水北调进行了为期三年的综合考察。主要任务为基本资料的搜集分析，探索可能的引水线路和引水量。

5月11—19日，《三峡水利枢纽初步设计要点报告》讨论会召开，有66个单位的188人参加。

7月，《长江流域综合利用规划要点报告》编制完成。

是年，长江流域大旱，受灾面积93.3万公顷，受灾人口3700万。

1960 年

4月，水电部组织中苏专家100余人，勘选三峡坝址，召开施工准备工作计划会议。

8月，中央决定放缓三峡工程建设步伐。同时指示兴建三峡工程要"雄心不变"，"加强科研，加强人防"。

9月，长办提出《长江中下游干流河道治理规划要点报告》。

12月，长办提出《金沙江规划意见书》。

1961 年

5月，长办提出《长江流域水土保持规划方案概要报告》。

是年,长江流域大旱,受旱面积540万公顷,受灾人口4100万。

12月1日,江苏江都水利枢纽开工,历时19年,于1980年基本建成。

1962 年

7月11日,长江中游防汛总指挥部成立。1969年6月20日更名为长江中下游防汛总指挥部,1996年更名为长江防汛总指挥部,2007年更名为长江防汛抗旱总指挥部。

1963 年

7月,三峡工程坝址研究确定以太平溪坝址为重点。

12月1日,扩大荆江分洪区浣市隔堤工程开工。

1964 年

4月3日,长办主任林一山向周恩来总理呈报三峡工程分期开发方案。

4月,长办主任林一山撰写的《关于水库长期使用的初步探索》,报周恩来总理审查后报毛泽东主席。

10月—1965年2月,根据当时"三线"建设用电需要,又考虑到人防安全,长办组织了对金沙江等河流查勘,提出了溪洛渡、虎跳峡等枢纽人民堤开发方案。

1965 年

7月,湖南韶山灌区工程正式开工,1966年6月2日通水。

1965年8月—1966年12月底,长办多次组织西南地区水电选点查勘。

是年,长办开始对金沙江虎跳峡河段进行重点勘测研究,推荐虎跳峡低堤顺江引水作为近期开发工程。

1966 年

3月,大渡河龚嘴水电站工程开工,1978年竣工。

10月25日,下荆江中洲子人工裁弯工程开工,1967年5月竣工。1968年12月上车湾裁弯工程开工,1969年6月竣工。

附录

1967 年

6 月 19—24 日,水电部邀请国家有关部门讨论解决汉江上游干流石泉、安康、石房沟等水利枢纽与铁路在规划设计中的矛盾。会议决定放弃石房沟枢纽,降低安康、石泉等枢纽的正常蓄水位。

年底,汉江大柴湖围垦工程开工,用以安置丹江口水库的移民,1969 年工程全面竣工。

1968 年

11 月 26 日,水电部批复引丹灌溉渠首位置:湖北省在清泉沟,河南省在陶岔。清泉沟渠首于 1969 年 11 月开工,1974 年建成。陶岔渠首于 1969 年开工,1985 年大部分完成。

1969 年

1 月,水电部军管会召开长江中下游防汛工作会议,讨论近期防洪方案。

6 月,毛泽东主席视察湖北,听取张体学等同志汇报要求兴建三峡工程时,提出"目前战备时期,不宜作此想"。

12 月,安徽驷马山引江灌区工程开工,1973 年 8 月灌区开始发挥效益。

是年,荆江大堤全线再次加高加固。1975 年荆江大堤加固工程纳入国家基建计划。

1970 年

4 月,乌江乌江渡水电站开工,1983 年竣工。

12 月 25 日,中共中央批复同意兴建宜昌长江葛洲坝水利枢纽工程报告。

12 月 30 日,长江葛洲坝水利枢纽工程开工。1972 年 11 月主体工程暂停施工,修改设计;成立技术委员会,林一山任主任,由长江委负责设计。1974 年 9 月复工,1981 年 1 月 4 日大江截流成功,6—7 月开始通航发电,1988 年基本建成。

1971 年

11 月 20 日—1972 年 1 月 25 日,水电部军管会在北京召开长江中下游防洪规划座谈会（即通称的1971年防洪座谈会），着重研究长江中下游的治理规划。

1972 年

7月，下荆江沙滩子自然裁弯。

12月，长办正式提出《荆北放淤规划报告》。因意见不同未实施。

是年，长江流域大旱，其中四川省受灾面积272万公顷，受灾人口2254万。

1973 年

在4—6月水利部等联合赴美考察水利工程的基础上，9月，长办在武汉召开葛洲坝工程设计暨赴美考察技术座谈会。

1974 年

1月，长办提出《太湖流域排洪除涝骨干工程规划》。

8月18—20日，长江三角洲受强台风影响，又适逢大潮汛，致使此次台风造成灾情极其严重。从本年开始到1990年，上海市提高海塘、堤防防御标准，加强了工程建设。

· 189 ·

1975 年

8月上旬，汉江唐白河发生罕见暴雨和特大洪水，损失惨重，俗称"75·8"暴雨。

12月16日，江苏谏壁抽水站工程开工，抽水规模120立方米每秒，1978年7月1日建成。

1976 年

1月10日，长江水资源保护局成立。

年初，首次在国内水利工程（葛洲坝二江电厂）进行深孔预裂爆破取得成功并推广。

4—9月，国内首台直径91毫米钻孔彩电研制成功。

7月21日—9月9日，首次考察长江源，确定长江正源为沱沱河，更正长江长度为6300余公里。1978年6—9月又进行了第二次长江源综合考察。

8月,经水电部批准研制国内第一艘长江水质监测船,1979年5月监测船投入试航。

1977 年

1月21—27日,首届长江水系水质监测站网座谈会通过《长江水系水质监测站网和监测工作规划意见》。

4月,开展长江流域水力资源普查,至1979年11月基本完成。普查表明,长江流域水力资源理论蕴藏量为2.68亿千瓦,可能开发水力资源为1.97亿千瓦。

12月8日,四川升钟水库工程开工,总库容13.39亿立方米,1987年竣工。

是年,湖南省在1:10万地形图上量得洞庭湖天然湖泊面积为2740平方公里。

1978 年

2月25日,耒水东江水利枢纽工程开工,1993年工程完建。

2月,赣江万安水利枢纽工程开工,1988年年底基本竣工。

4月,汉江安康水利枢纽工程正式开工,1992年年底建成。

8月,开展长江流域水资源调查评价,1985年8月正式提出《长江流域水资源评价》报告。

是年,长江流域发生了新中国成立以来最严重的极旱年,干旱时间长,受灾面积广,全流域受旱面积1120万公顷,成灾面积580万公顷,受灾人口约6644万。

1979 年

4月,三峡水利枢纽选坝会议在武汉举行;9月,选坝汇报会在河北廊坊举行,两次会议均未取得一致意见。会后,水利部向国务院呈送的《关于长江三峡水利枢纽坝址选择和做好前期工作的报告》中建议按三斗坪坝址开展初步设计工作。

12月21日,水利部下发通知,对南水北调规划工作进行分工:黄河水利委员会负责西线;长办负责中线,淮河水利委员会、黄河水利委员会、天津水电勘测设计院配合;天津水电勘测设计院负责东线,淮河水利委员会参加、黄河水利委员会配合。水利部成立南水北调规划办公室。

1980 年

4 月 16 日—5 月 16 日，水利部组织有关部委和单位共 60 余人查勘了南水北调中线，认为华北缺水，跨流域调水势在必行，中线是一条有利的跨流域引水线路，争取在 1983 年提出规划报告。

6 月 20—30 日，水利部在北京召开了长江中下游防洪座谈会。确定了长江干流堤防设计水位和重要的防洪工程措施，指导了一个时期的防洪工程建设。

7 月 12 日，邓小平副主席视察三峡坝址、葛洲坝工地和荆江大堤，要求国务院召开一次专门会议研究三峡工程问题。8 月，国务院召开常务会议研究决定，由国家科学技术委员会、国家基本建设委员会负责，继续组织水利、电力及其他方面的专家进行三峡工程的论证。

7 月，受水利部委托，长办在江西省兴国县塘背河和湖南省岳阳市李塅河开展小流域水土保持综合治理试点。

10 月 3 日—11 月 3 日，中国科学院组织有联合国专家和官员参加的 60 余人的考察队，对南水北调中线和东线进行了考察。

1981 年

6 月，长办提出青弋江、水阳江、漳河流域综合利用规划报告。

7 月，长江上游发生特大暴雨洪水，波及四川省 14 个地市。受害人口 158 万，被称为长江上游"81·7"洪水。

10 月 6 日，李先念副主席视察葛洲坝工地。

11 月，长办提出《上海新港规划阶段报告》。

1982 年

3 月，国务院批准京杭运河续建工程实施。

7 月 16—18 日，长江北岸重庆市云阳县城附近的鸡扒子发生大滑坡，滑坡总量 1000 万立方米，沿江长 800 米。

8 月 12 日，水电部党组转发中共中央组织部干部任命通知，同意黄友若任长江流域规划办公室主任。

9月,根据中央指示,长办开展三峡工程正常蓄水位150米方案的可行性研究。1983年3月提出《三峡水利枢纽150米方案可行性研究报告》,5月3—13日国家计划委员会在北京主持审查通过,4月5日国务院发文原则批准。

10月,经国务院批准,长办划为水电部直接领导。

是年,长江流域各三角网点全部纳入国家统一坐标系统,金沙江流域大规模测绘完工。

1983 年

3月,国务院批准南水北调东线一期工程方案,通航至济宁;并着手进行调水至天津方案的论证。

7月中下旬,汉江上游发生暴雨洪水,安康城受淹,受灾人口达8.96万,死亡800多人。10月3—6日,汉江流域又发生罕见的秋汛洪水,除运用杜家台分洪闸外,还先后在邓家湖、小江湖等处扒口分洪。

7月25日,国务院批准成立长江口开发整治领导小组,继又改名为长江口及太湖流域综合治理领导小组,负责研究和决策长江口和太湖的治理方案。

12月31日,国家计划委员会下达《长江流域综合利用规划要点报告修订补充任务书》。1988年长办修订完成了《长江流域综合利用规划要点报告》。1990年5月29日—6月5日,由全国水资源与水土保持领导小组主持审查会原则同意该报告,经修改后定名为《长江流域综合利用规划简要报告(1990年修订)》,国务院于9月21日正式批准。

1984 年

3月,《长江志》编纂委员会成立,长办主任林一山为名誉主任,黄友若任主任,洪庆余任总编。2007年4月《长江志》7卷25篇1000余万字的巨著正式出版,前后历时20余载,投入人力数百,成为当代治江工作的科学总结和资料总汇。

4月25日,国务院三峡工程筹备领导小组在北京成立,国务院副总理李鹏任组长。

6月11日,国务院批准成立太湖流域管理局。

6月25日,国务院批复解决丹江口水库移民遗留问题,推动了丹江口和其他水库移民问题的解决。

8月1日,水电部党组任命魏廷铮为长江流域规划办公室主任。

10月8日,中共重庆市委向中央呈报《对三峡工程的一些看法和意见》,建议三峡工程采用正常蓄水位180米方案。

10月,白龙江宝珠寺水电站开工,1999年工程全面完成。

是年,长江口通海航道北槽疏浚工程开工,至1988年完成疏浚工程量2.2亿立方米。

1985 年

3月,大渡河铜街子水电站复工,1994年建成。

6月10日和12日,湖北秭归县境内长江西陵峡新滩镇的姜家坡至广家崖大面积滑坡,总体积约1800万立方米,新滩镇全部被摧毁,川江被迫停航12天。

6月25日,国务院批转黄河、长江等河流防御特大洪水方案。

6月29日,长办提出《太湖流域综合治理骨干工程可行性研究报告》,经会议审查原则同意,此后的设计工作交太湖流域管理局负责。

是年,长办编制完成《长江水资源利用报告》。

1986 年

4月,乌江东风水利枢纽工程开工,1995年12月全部建成。

5月,长办提出《清江流域规划补充报告》。

6月2日,中共中央、国务院下达《关于长江三峡工程论证工作有关问题的通知》(以下简称《通知》)。《通知》决定由水电部广泛组织各方面的专家对原三峡工程可行性研究报告进行深入论证和修改,重新提出报告。6月19日,水电部成立了由钱正英部长任组长的论证领导小组。论证工作分10个专题14个专家组。至1988年底,14个专家组陆续提出论证报告。长办根据论证结果,重新编制可行性研究报告,并上报国务院。

6月26日,南水北调东线穿黄探洞工程开工,1988年1月25日探洞主体工程完工。

7月,沅江五强溪水利枢纽工程开工,1996年底全部建成。

10月,《赣江流域规划报告》经由江西省人民政府审定上报,1989年12月通过由水利部(受国家计划委员会委托)主持的审查。

1987 年

1 月 15 日，湖北清江隔河岩水利枢纽工程开工，同年 12 月 15 日截流，1995 年竣工。

2 月，国务院批准鄱阳湖重点圩堤与分洪工程设计。

3 月，长办和贵阳水电勘测设计院联合编制完成了《乌江干流规划报告》，1989 年经国家计划委员会审查通过。

1988 年

3 月 25 日，云南省人大常委会批准实施《滇池保护条例》。

4 月 22 日，长江上游水土保持委员会成立。

4 月 27 日，国务院批转《蓄滞洪区安全与建设指导纲要》。

10 月 27 日，上海市防汛墙按千年一遇潮位标准（黄浦江吴淞站为 6.27 米）加高加固工程开工。1991 年 10 月 21 日，上海外滩防汛墙工程开工，从黄浦公园到新开河 1356 米岸线分别外移 6~43 米。

11 月，荆江分洪进洪闸（北闸）加固工程正式开工，1992 年 7 月完工。

1989 年

1 月 5 日，国务院批准实施长江上游水土保持重点防治工程。

6 月 3 日，长办恢复原名长江水利委员会（以下简称"长江委"），为水利部派出机构（副部级）。1994 年 4 月和 2002 年 9 月，水利部明确长江水利委员会在长江流域和西南诸河（澜沧江及澜沧江以西）范围内行使水行政管理职能。

7 月 21—24 日，中共中央总书记江泽民视察了长江荆江大堤、荆江分洪工程、葛洲坝工程、三峡工程坝址和武汉堤防等水利工程，并视察了长江委。

1990 年

7 月 6—14 日，国务院召开三峡工程论证汇报会，会议充分肯定了参加三峡工程论证各方面专家的工作成果，并决定将在论证基础上重新编制的《长江三峡工程可行性研究报告》正式提请国务院三峡工程审查委员会审查。

9 月 21 日，国务院正式批准《长江流域综合利用规划简要报告（1990 年修订)》。

1991 年

1月14日,长江中下游5省水利灭螺规划工作会议在武汉召开,会议根据1990年的《长江流域综合利用规划简要报告》中关于血防规划要求,分别拟定了5省实施计划。

2月20—21日,中共中央召开政治局会议,审查并原则同意国务院关于三峡工程的审查意见。根据会议讨论意见,对有关问题进一步研究后,将兴建长江三峡工程的议案,提交七届全国人大五次会议审议。

5月10—12日,"七五"重大科技攻关项目"长江三峡工程重大科学技术问题研究"通过国家验收。

8月3日,国务院三峡工程审查委员会第三次会议一致通过了《长江三峡工程可行性研究报告的审查意见》,建议党中央、国务院予以批准并提请全国人大审议。

8月14日,国务院三峡工程移民试点工作领导小组成立。

8月14日,雅砻江二滩水电站工程开工,2000年建成。

9月17—20日,国务院治理淮河、太湖会议在北京召开。会议决定在"八五"计划期间治理淮河、太湖。

是年冬,太湖治理骨干工程开工。

从是年开始至1992年,长江委有关单位和有关省开展长江干流主要城市江段近岸水域水质调查。

1992 年

2月下旬,汉江干流下游首次发生大规模"水华"现象。

4月3日,全国人民代表大会第七届五次会议通过兴建三峡工程的决议。表决结果是:赞同1767票,反对177票,弃权664票,有25人未按表决器。

9月,长江委编制的《长江中下游蓄洪防洪工程规划》上报水利部。

1993 年

1月3日,国务院成立三峡工程建设委员会,由李鹏总理兼任主任委员。9月23日,中国长江三峡工程开发总公司成立,陆佑楣任总经理。

7月，国务院三峡工程建设委员会批准《长江三峡水利枢纽初步设计报告（枢纽工程）》。

8月19日，国务院颁布《长江三峡工程建设移民条例》。

1994 年

1月25—28日，水利部审查通过《南水北调中线工程可行性研究报告》，建议国家尽快决策兴建。

3月，长江委编制完成《汉江丹江口水利枢纽后期续建工程初步设计报告》并上报水利部。

6月，国务院确定三峡工程库区移民补偿投资实行办法。经国务院三峡工程建设委员会同意，长江委编制的《三峡工程水库淹没处理及移民安置规划大纲》正式实施。

9月30日，国务院任命黎安田为长江水利委员会主任。

12月12日，长江中游界牌河段整治工程正式开工，2000年3月28日竣工。

12月14日，国务院总理李鹏宣布长江三峡工程正式开工。1997年11月8日三峡工程大江截流成功。2002年11月6日，三峡工程导流明渠截流成功。2003年6月，水库蓄水至135米，6—7月开始通航、发电。2006年5月20日，大坝全线达到设计高程185米，10月蓄水至156米。2008年，工程基本建成，26台水轮发电机组全部投产，具备蓄水至设计正常蓄水位175米的条件；水库开始试验性蓄水，坝前最高水位达172.8米，电站发电803亿千瓦·时，航运进坝货运量6847万吨。

1995 年

7月2日，澧水江垭水利枢纽工程开工，1999年12月竣工。

10月11—12日，《南水北调中线工程环境影响报告书》通过终审。

11月25日，国务院批复《长江上游水污染整治规划》。

1996 年

3月，国务院南水北调工程审查委员会成立，国务院副总理邹家华任主任委员。4月，部分委员、专家一行45人考察了南水北调中线、东线工程。1998年2月17—22日，国务院南水北调工程审查委员会第三次全体会议审议通过了《南水北调工程审查报告》，上报国务院。

7—8月，长江中游发生大洪水，湘、鄂、赣、皖、苏洪涝受灾面积达660万公顷，成灾约440万公顷，受灾人口9700万，死亡1500多人。

是年，长江委提出《长江中下游干流河道治理规划报告》。水利部于1997年进行了审查，1998年批复了该规划。

1997 年

9月，长江委汇总提出了《洞庭湖区综合治理近期规划报告》，水利部组织审查后批复了该报告。

12月，水利部主持审查会，审查通过《长江口综合开发整治规划要点报告》。

1998 年

1月27日，长江口南港北槽航道一期工程开工，2000年3月22日竣工。

7月1日，由国家环保总局、交通部和建设部联合开展的以"根治长江污染、还母亲河清洁"为主题的长江环保生态工程全面启动。

7—8月，长江流域发生20世纪以来仅次于1954年的又一次流域性大洪水，洪水量巨大，洪水位特高，高洪水位持续时间长。中下游5省受灾人口231.6万，死亡1526人。江泽民总书记、朱镕基总理等中央领导人多次亲临长江指挥抗洪抢险。10月20日，中共中央发布《中共中央、国务院关于灾后重建、整治江河、兴修水利的若干意见》。11月20日，水利部成立灾后重建长江防洪规划协调小组，建议用10年左右时间建成可防御1954年洪水的防洪体系。

11月20日，武汉龙王庙险段加固整治主体工程开工，1999年6月完工。

1999 年

5月17日，水利部向国务院报送了《关于加强长江近期防洪建设的若干意见》，5月31日国务院批转了该意见。

8月25日，国务院总理办公会议决定，长江重要堤防隐蔽工程由长江委负责建设并承担相应责任，要求在3~5年内达到《长江流域综合利用规划简要报告》规定的防洪标准。12月19日，长江委成立长江重要堤防隐蔽工程

附录

建设管理局,长江重要堤防隐蔽工程开工。2005年10月21日工程通过竣工验收。

12月,长江委首次按年度发布流域水资源公报。

2000 年

1月16日,经水利部批准,水利部汉江水利水电(集团)有限责任公司交由长江委管理。

6月16日,国务院三峡工程建设委员会第九次会议在北京召开,朱镕基总理强调:三峡工程是中华民族的千秋大业,质量是三峡工程的生命,要把工程质量放在首位,确保三峡工程质量经得起历史的考验。

8月19日,由中共中央总书记江泽民亲笔题写碑名的"三江源自然保护区"纪念碑在青海省玉树藏族自治州通天河畔正式揭碑,标志着三江源自然保护区正式建立。

9月27日和10月16日,国务院总理朱镕基两次主持召开国务院南水北调专题座谈会,指出南水北调工程的规划和实施要建立在节水、治污和生态环境的基础上,务必做到先节水后调水、先治污后调水、先环保后用水。

11月8日,乌江六冲河洪家渡水电站开工,2007年7月开始发电。同时兴建的还有乌江渡电站扩机工程和引子渡水电站。

2001 年

5月28日,国务院任命蔡其华为长江水利委员会主任。

9月22—24日,水利部在北京召开审查会,审查通过了《南水北调中线工程规划(2001年修订)》。

10月25日,《长江河道采砂管理条例》经国务院第45次常务会议通过,自2002年1月1日起实行。经水利部批准,长江委成立长江河道采砂管理局。

2002 年

6月,长江委在武汉召开了长江流域、西南诸河水资源综合规划编制工作会议,启动长江流域、西南诸河水资源综合规划工作。2008年编制完成《长江流域水资源综合规划报告》并报水利部。

7月26日,乌江索风营水电站工程开工,2005年开始发电。

12 月 27 日,南水北调工程开工典礼在北京人民大会堂和江苏省、山东省施工现场同时举行。国务院总理朱镕基在人民大会堂宣布南水北调工程开工,标志着南水北调工程历史性地由规划转入实施阶段。2003 年 7 月 31 日,国务院成立南水北调工程建设委员会,温家宝总理任主任委员。

2003 年

7 月 15 日,《长江河道采砂管理条例实施办法》开始正式实施。

11 月 18 日,乌江干流上最大的水电站——构皮滩水电站开工,2009 年开始发电。

是年,长江委完成长江流域和西南诸河水力资源复查。

是年,长江委编制完成《金沙江干流综合利用规划报告(送审稿)》,后经不断修改补充完善,2009 年通过水利部预审。

2004 年

6 月 6 日,三峡—广东直流输电工程成功投运,实现了华中电网与南方电网互联。

8 月 22 日,由长江委负责组织编制的《全国血吸虫病防治专项规划》通过水利部水利水电规划设计总院审查。后经国家发改委批准实施。

9 月 1 日,南水北调中线北京—石家庄段应急供水工程开工。

10 月 28 日,2004 年长江黄金水道与国际航运峰会在重庆召开。

11 月,国务院批准丹江口水利枢纽大坝加高方案,大坝加高后的水库正常蓄水位为 175 米。

2005 年

1 月 20 日,在长江委 2005 年工作会议上,长江委党组正式提出"维护健康长江,促进人水和谐"为基本宗旨的新时期治江思路。

1 月 21 日,《长江流域防洪规划》通过由水利部组织的专家审查。2008 年 7 月,国务院批复《长江流域防洪规划》。

2 月,长江委开始布置长江流域综合规划修编工作。2006 年 12 月提出《长江流域综合规划修编任务书(送审稿)》(以下简称《任务书》)和《长江流域综合规划工作大纲(送审稿)》,2007 年 8 月水利部批复《任务书》。2007 年

8 月 26 日,长江委在武汉召开第一次协商会议,确定修编工作由长江委与流域内各省(自治区、直辖市)协同完成。2009 年 9 月形成了《长江流域综合规划简要报告(2009 年修订)(送审稿)》,2009 年 11 月 26—29 日水利部水利水电规划设计总院主持会议进行了预审。

4 月 16—17 日,首届长江论坛在武汉举行,14 个国家和地区的 180 多名代表参加,共同发表《保护与发展——长江宣言》。

9 月 26 日,南水北调中线水源工程——丹江口大坝加高工程正式开工。9 月 27 日,中线穿越黄河工程正式开工。

9 月 28 日,乌江彭水水电站工程开工,2009 年竣工。

11 月 12 日,雅砻江锦屏一级水电站工程开工。

11 月 28 日,长江流域 7 省 2 市《合力建设黄金水道,促进长江经济发展》高层领导座谈会在北京召开。

12 月 26 日,世界上规模最大、功能最全的江河模型——长江防洪模型在武汉市沌口经济技术开发区正式投入使用。

12 月 26 日,金沙江规模最大(装机容量 1260 万千瓦)的溪洛渡水电站工程开工,2007 年 11 月 7 日截流成功。

2006 年

夏季,长江上游遭受 50 年一遇、局部达百年一遇的特大旱灾,尤以重庆市、四川省最为严重,农作物受灾面积达 755.7 万公顷,1928 万人、1694 万头大牲畜发生饮水困难。

8 月 28 日,长江委建立新闻发布制度以来召开首次新闻发布会。

11 月 26 日,金沙江向家坝水电站工程正式开工。

2007 年

1 月 30 日,雅砻江锦屏二级水电站工程正式开工。

4 月 15—17 日,第二届长江论坛在湖南长沙举行,共同发表了《保护洞庭湖行动——第二届长江论坛长沙宣言》。

7 月 30 日,中国长江三峡工程开发总公司根据防洪调度令将三峡水库按 4.8 万立方米每秒的流量下泄,三峡工程首次正式承担防洪任务,开始发挥防洪效益。

2008 年

2月,国务院批准《长江口综合整治开发规划》。

5月12日,长江上游四川省汶川县发生里氏8.0级特大地震。

2009 年

1月13日,在长江委2009年工作会议上,长江委党组提出新时期长江水利发展战略。

2月26日,南水北调中线补偿工程——汉江兴隆水利枢纽工程开工。

4月20—21日,以"长江·河口·城市"为主题的第三届长江论坛在上海召开。

5月,经国务院批准,国务院三峡工程建设委员会办公室正式委托长江委承担三峡工程后续工作规划编制总成任务。

9月6日,赣江峡江水利枢纽工程正式开工。

11月25日,嘉陵江亭子口水利枢纽工程正式开工。

11月26日,长江委历时3年编制完成的《长江流域综合规划报告(2009年修订)》通过水利部水利水电规划设计总院的预审,标志着长江流域在全国七大流域中率先完成流域规划修编。

后记

后 记

　　林一山是当代著名水利事业家、长江水利委员会的创建人、以自然辩证法指导治水理念的倡导者。

　　他从1949年奉命组建长江水利委员会,在半个多世纪的治水领导活动中,主持长江流域综合利用规划的编制与实施;组织推动荆江分洪工程、汉江丹江口水利枢纽、长江葛洲坝水利枢纽和长江三峡水利枢纽等一系列重大水利工程的建设。还在中下游平原河道的治理,流域水利基础工作的创建,跨流域引水的研究探索,以及在水利水电建设诸多领域中提出了许多创新理念和积累了宝贵的治水经验,取得了重大的治江业绩,给我们留下一笔珍贵的精神财富。

　　为了弘扬传承林一山治水事业的业绩,为研究林一山治水思想和重大活动,提供一本可供检索查找的工具书,我们编撰了这本《林一山治水大事要览》。

　　《林一山治水大事要览》有别于传统意义上《年谱》、《年表》等条目式的体例。大体上按时间顺序的编年形式为经,同时兼及重大事件的纪事本末为纬,分条叙述,以让读者阅读便利为原则。考虑到一些重大事件往往时间跨度较大,为便于读者阅读,在事件第一时间出现后,按时间顺序记其发展与进程,使读者一目了然。

　　林一山作为长江水利委员会这个流域机构的创建人与最长一任的领导者,曾亲聆毛泽东主席治水思想的教导,受到周恩来关于长江建设的直接关怀和指导。虽然许多重要事件、重大工程他未亲自参与,但也是在他治江思想和创新理念指导下开展的,为便于读者了解,也一并收入。

　　《林一山治水大事要览》在编撰过程中,参阅了《长江志·大事记卷》、由长办档案馆编印的《长江大事记》以及《三峡工程大事记》等已经出版或刊印的材料,在广泛搜求、综合分析的基础上编定,故本书是在吸取前人辛勤劳动成果的基础上编写的,谨在此表示诚挚的谢意。

林一山以毕生精力，为长江乃至我国水利事业奉献终身。他虽在1982年退居二线，但直至临终之前，仍以生命不息、奋斗不止的精神，以口述方式著书立说，接受媒体采访。因此，《林一山治水大事要览》上起1949年，终至2009年。

　　本书由成绥台、李渝、成石、冯莹编，石铭鼎、陈星绚校审，郑守仁、马建华审定。

编者谨识

2011年6月

后记

图书在版编目（CIP）数据

林一山治水大事要览/林一山治江思想研究会编.

武汉：长江出版社，2011.6

ISBN 978-7-5492-0471-7

Ⅰ.林…　Ⅱ.①林…　Ⅲ.①林一山（1911—2007）—生平事迹
②水利建设—大事记—中国—现代　Ⅳ.①K827=7 ②F426.9

中国版本图书馆 CIP 数据核字（2011）第 117835 号

林一山治水大事要览　　　　　　　　　　　　　林一山治江思想研究会 编

出版策划：别道玉

责任编辑：贾茜

装帧设计：刘斯佳

出版发行：长江出版社

地　　址：武汉市解放大道 1863 号　　　　　　　　　　　邮　　编：430010

E-mail：cjpub@vip.sina.com

电　　话：（027）82927763（总编室）

　　　　　　（027）82926806（市场营销部）

经　　销：各地新华书店

印　　刷：武汉市精一印刷有限公司

规　　格：787mm×1092mm　　　　　1/16　　　13.25 印张　　　250 千字

版　　次：2011 年 6 月第 1 版　　　　　　　　　　2011 年 7 月第 1 次印刷

ISBN 978-7-5492-0471-7/TV・166

定　　价：48.00 元